하고 싶은 것이 뭔지 모르는
10대에게

공부의 목적을 알려 주는 28가지 진로 질문

하고 싶은 것이 뭔지 모르는
10대에게

김원배 지음

애플북스

Dear 하고 싶은 것이 뭔지 모르는 10대에게

수업 태도가 좋고 공부도 열심히 하는 한 학생이 있었습니다. 평소 학습 태도를 보면 성적이 상위권이어야 하는데, 시험만 보고 나면 공부하는 만큼 성적은 나오지 않고 하위권에 머물러 있어서 안타까웠죠.

"넌 왜 열심히 공부하는 만큼 성적이 안 나와?"

제가 고등학생이던 시절 옆에 앉았던 친구가 한 말입니다. 친구도 열심히 공부하는데 성적이 오르지 않는 저를 보면서 안타까웠을 것입니다.

저는 공부하는 만큼 성적이 나오지 않는 이유를 알고 있었습니다. 암기력, 집중력, 응용 능력이 부족했기 때문이었죠. 한 번 들은 용어나 이야기를 기억하는 것도 힘들었기 때문에 친구들보다 지능지수가 낮은 것이라 생각했습니다.

어느 날 교무실에 다녀온 학급 회장이 저에게 말해 준 것이 있습니다.

"너 아이큐 높던데? 내가 선생님 심부름하면서 수첩 봤더니 우리 반에서 상위권이야."

생각지 못한 사실이었죠. 지능지수의 탓이 아니라는 것을 알게 된 저는 공부 방법을 바꿔 보았습니다. 눈으로만 보던 것을 손으로 적으면서 공부하고, 수업 시간에도 선생님 말씀을 노트에 적기 시작했습니다. 필기하면서 수업을 들으니 집중력이 높아졌고 공상하는 습관을 떨쳐 버릴 수 있었습니다. 성적이 오르기 시작했습니다.

저는 나폴레옹의 "내 사전에 불가능이란 없다."는 말을 가장 좋아합니다. 누구에게나 가능성은 존재합니다. 그 가능성을 찾는 학습과 경험이 필요한 것뿐이지요. 이 책을 읽는 여러분이 '왜 나만 안되는 거야.'라며 실망하지 않길 바랍니다. 긍정적인 생각과 할 수 있다는 믿음이 성공의 기초가 되기 때문입니다.

성적 하락을 우려하는 목소리가 큰 팬데믹 시대입니다. 하지만 이런 시기일수록 학생들이 자기 주도적으로 진로를 설계하고 학습 능력을 키워둔다면 머지않아 더욱 단단해진 스스로를 발견할 수 있을 것입니다. 《하고 싶은 것이 뭔지 모르는 10대에게》에서는 급변하는 세상 속에서 '진로'와 '학습'에 대해 고민하는 대한민국의 모든 아들, 딸에게 학교에서 배우는 학습을 성공적인 진로 개발 활동과 연결할 수 있는 최선의 방법을 안내합니다.

이제 총 6개 주제로 구성한 각 장을 간단히 소개합니다.

〈1장. 미래 여행을 떠나보자〉에서는 로봇, 빅 데이터, 사물 인터넷 등 미래 기술로 이루어진 4차 산업 혁명 시대가 요구하는 인재상을 살펴봅니다. 미래 기술이 인간에게 미치는 영향과 급변하는 세상 속에서 나만의 브랜드를 만들어 가는 이야기를 다룹니다.

〈2장. 내공부터 단단하게〉에서는 미래 사회를 살아가는 청소년이 복합적인 문제를 슬기롭게 해결해 나갈 수 있는 역량을 키우는 방법을 소개하며 사례 및 활동 중심으로 구성했습니다.

〈3장. 습관과 학습 방법 설계〉에서는 팬데믹 시대의 학습 능력 하락을 우려하는 학생과 학부모님들에게 자기 주도 학습 능력을 키우는 방안을 제시합니다. 공부하는 이유, 진로와 학습을 연결하는 방법을 알고, 공부 습관을 들이면 진로 선택의 폭을 넓히기 위한 자신만의 학습 방법을 만들어가는 데 도움이 될 것입니다.

〈4장. 직업관 설계〉에서는 학습 습관과 직업 탐색을 연결해 봅니다. 진로 상담을 해 보면 학생 대부분이 진로 목표가 없어서 공부할 수 없다고 털어놓습니다. 진로 목표가 없으면 만들면 됩니다. 자신에게 맞는 직업, 일하고 싶은 직업을 선택하려면 먼저 다양한 직업 세계에 대한 정보를 알아야 합니다. 경험하고 탐색하는 만큼 진로 목표는 가까이 다가옵니다. 이 장에서는 자신이 잘하는 일, 하고 싶은 일, 내 삶의 가치관과 일치하는 일을 스스로가 탐색할 수 있도록 안내합니다.

〈5장. 자아 설계〉는 자신의 성향을 파악하고 들여다보는 것에 집중합니다. 스스로의 강점과 약점을 파악하고, 세상의 구성원으로 살아가는 데 있어 소중하게 여겨야 할 가치, 긍정적인 태도와 도전 정신을 갖추기 위해서는 먼저 자신의 성향부터 알아야 합니다. 직업을 가졌을 때 스트레스를 받고 만족하지 못하는 것은 성향과 맞지 않기 때문인 경우가 많습니다. 청소년 시기에 자아 탐색이 중요한 이유이기도 하지요.

〈6장. 전략 설계〉에서는 직업, 학교, 학과를 선택하는 데 있어 자신이 정한 진로 목표 달성을 위해 다양한 정보를 탐색하고 평가하면서 가장 적합한 방향으로 의사를 결정하는 방법을 제시합니다. 더불어 살아가면서 선택이 필요한 일들에 합리적으로 대응하며 행복을 향해 나아가는 방법도 함께 생각해 봅니다.

"정말 청소년들에게 필요한 것은 뭘까?"
이 책의 집필은 이 물음에서 시작되었습니다.

저는 학교 현장에서 10년째 진로진학 상담 교사로서 아이들을 만나고 있습니다. 진로와 직업 수업, 창체 진로 활동, 자유 학기 진로 탐색, 진로 상담 등을 운영하면서 진로 교육이 어떻게 변해야 하는지에 대해 늘 고민합니다. 세상이 변하듯 학교 현장의 진로 교육에도 변화가 필요합니다. 이 책은 단순한 진로 탐색을 넘어 '읽고', '쓰고', '생각'하면서 자신의 미래를 그릴 수 있도록 만들었습니다. 이는 팬데믹 시대, 현장 체험이 어려운 상황에서 스스로 진로 체험과 구상과 생각을 할 수 있도록 수많은 상담 경험을 녹여 만든 활동지를 책에 담고 싶었던 이유이기도 합니다.

마지막으로 등교 수업과 온라인 수업을 병행하며, 자신의 꿈을 찾기 위해 노력하는 모든 청소년에게 아낌없는 격려와 박수를 함께 보냅니다.

From 김원배, 2021년 7월

차례

6장 전략 설계

미래 여행을 떠나 보자

"주인님, 어서 일어나세요. 지금 일어나지 않으면 어제처럼 늦어요."
아침잠을 깨우는 AI 스피커의 잔소리로 하루를 시작한다.
"오늘 스케줄 알려 줘." "오늘 날씨도 알려 줄래?"

출근을 준비하면서 하루 스케줄을 AI 스피커에게 확인한다. 인공 지능 AI 스피커는 모르는 게 없다. 하루 스케줄뿐 아니라 일기예보, 출근 복장, 하루 동안 어떤 성향의 사람들을 만나게 될지도 알려 준다.
"오늘 한 친구를 30년 만에 만나실 거에요. 주위를 잘 살펴보세요."
"난 오늘 친구 만날 계획이 없는데."
"아닙니다. 오늘 포럼에서 옛 인연을 만나게 됩니다."
"기대가 되는데."
"출근하게 엘리베이터와 자동차 불러 줘."

50층에 살고 있는 나는 현관문을 나서기 전에 AI 스피커에게 미리 엘리베이터를 호출하도록 명령한다. 엘리베이터가 50층까지 올라올 때까지 기다릴 필요도 없다. 게다가 주차장으로 내려가면 바로 출발할 수 있도록 자율 주행 자동차가 대기하고 있다. 자율 주행 자동차를 타고 회사까지 가는 동안, 차 안에서 아침 회의 시간에 발표할 자료를 검토한다.

출근해서는 회의도 하고 출장도 다니고 사업 구상도 하면서 일상을 바쁘게 보냈지만 자율 주행 자동차와 인공 지능 비서 덕분에 피곤하지 않다. 퇴근길에 스마트폰 원격 설정 기능으로 잠시 환기를 한 뒤 집안을 따뜻하고 쾌적하게 만든다.
"냉장고에 달걀이 다 떨어졌어요. 마트에 주문할까요?"
AI 인공 지능 비서가 스스로 알아서 마트에 식재료를 주문하면 빠른 시간 안에

1장

현관 앞까지 배달된다.

　몇 년 전만 해도 SF 영화에서나 보던 일들이 지금 눈앞에서 펼쳐지고 있다. 이 모든 상황이 가능한 건 인공 지능을 탑재한 AI 스피커 덕분이다. 상상하고 상상한 것들을 실행에 옮기려는 사람들에 의해 우리 미래는 더욱 편리하고 안락해졌다.

　알베르트 아인슈타인은 "상상은 지식보다 중요하다. 지식은 우리가 현재 알고 이해한 것에 국한되지만 상상은 우리를 둘러싼 세계 전체 그리고 앞으로 우리가 알고 이해해야 할 그 모든 것을 포함하기 때문이다."라고 했다, 미래학자 엘빈 토플러는 "미래는 예측하는 것이 아니라 상상하는 것이다."라고 했다.

　앞으로 20년 후, 30년 후에는 어떤 세상이 펼쳐질까? 삶을 송두리째 바꿔놓을 과학 기술을 기반으로 미래 세상의 주인공이 된 우리의 모습을 상상하며 오늘 맡은 임무를 성실하게 실행에 옮겨야 한다. 미래는 상상하는 대로 현실이 된다.
　자. 그럼 미래 속으로 들어가 보자.

1. 미리 그려 보는
나의 미래는 어떨까?

 질문1 **20년 후 내 인생에서 가장 중요한 사람들이 있다면 그들은 누구이며, 나는 무엇을 하고 있을까?**

20년 후 나의 모습

(예) 나는 20년 후 초등학교 교사가 됐을 것이며, 교사가 되기까지 옆에서 물심양면으로 도와 주신 부모님이 인생에 가장 중요한 사람들이다.

미래 내 모습을 얻기 위해 필요한 조건들은?

TIP 자격증, 공부 습관, 고등학교 선택, 경제적 조건, 배우자, 학위, 가치관, 적성 찾기 등 미래 내 모습을 위해 필요한 것을 다양하게 찾아 본다.

20년 후 행복한 삶을 위해 지금 버려야 할 습관은?

지금 버려야 할 습관들

(예) 내가 버려야 할 습관은 시간 약속을 지키지 않는 것과 정리 정돈을 못하는 것이다.

버려야 하는 이유는?

(예) 약속 시간을 지키지 않는 습관은 20년 후 비즈니스를 하는 데 도움이 되지 않을 것 같다.

TIP 평소 생활 습관들을 살펴본다. 등교 시간 지키기, 약속 지키기, 계획대로 실천하기 등.

질문3 **20년 후 미래의 내가 현재의 나에게 하고 싶은 말은 무엇일까?**

(예) A야, 20년 전 초등학교 교사가 꿈이었는데 적성에 맞지 않는 판매직에서 근무 중이구나. 생각해 보니 공부와 생활 습관에 대해 계획만 세웠지 실행력은 부족했던 것 같아. A야, 계획을 세우면 반드시 실행에 옮기는 습관을 갖기를 바란다.

TIP 미래에 갖고 싶은 직업을 실현했거나 실현하지 못했다고 가정하고 현재의 나에게 어떤 조언을 할지 생각하고 적어 본다.

미래는 현재 우리가 무엇을 하는가에 달려 있다.

마하트마 간디

활동지 작성 후 나는?

✦ 20년 후 미래를 상상하면서 학습 계획과 진로 목표를 세우고 실천할 수 있다.

✦ 자신을 제3자의 입장에서 객관적으로 바라보고 버려야 할 습관들을 찾을 수 있다.

✦ 진로 목표가 불명확한 나에게 용기와 할 수 있다는 희망을 준다.

A가 수업 시간 내내 침울한 표정으로 앉아 있다. 질문을 해도 "모르겠어요."라는 대답만 한다. 수업에 집중하는 것 같지만 머릿속으로 딴생각을 하고 있는 것이 분명하다. "A야, 왜 멍하게 있어. 수업에 집중해야지."라고 한마디 할까도 생각했지만 수업 분위기를 생각해서 참기로 했다.

머칠 후 A를 진로 상담실로 불렀다.

"요즘 다른 수업 시간에도 태도 때문에 지적받는 것 같던데, 요즘 무슨 일 있니?"

"아니, 별다른 문제는 없어요. 친구들과도 잘 지내고 있고요."

"그럼 부모님께 야단맞았니?"

"전 댄스를 배우러 학원을 다니고 싶은데, 부모님이 춤도 못 추는 주제에 무슨 댄스냐면서 반대하세요."

"댄스는 해 봤니?"

"아니요, 한 번도 해 보지 않았어요. 그런데 텔레비전에서 춤추는 장면이 나오면 저도 모르게 가슴속에서 뜨거운 것이 올라오는 것 같아요. 부모님은 이런 제 마음을 이해하지 못하세요."

"자유 학기 수업에 댄스반이 있어. 학기 시작한 지 얼마 안 됐으니 선생님께 프로그램을 바꿔 달라고 말씀드려 봐."

"자유 학기에서도 배울 수 있나요?"

"그럼, 배울 수 있지. 열심히 배워서 숨은 댄스 능력을 연말 축제 때 부모님에게 보여드리자. 지금은 너의 능력을 모르시기 때문에 반대하시지만, 춤추는 걸 보면 생각이 바뀌실걸?"

"정말요? 그때는 학원에서 정식으로 배울 수 있겠죠?"

일주일에 한 번 하는 자유 학기 프로그램에 참여한 A는 열심히 댄스를 배웠다. 처음으로 춤을 배우는데도 가슴속의 열정이 표출되면서 실력이 느는 것을 확인할 수 있었다. 연말 학교 축제에서 A는 리더를 맡아 댄스 반을 이끌었다. 항상 조용하고 소극적이던 A는 댄스를 배우면서 완전히 다른 사람이 됐다.

미래에는 가능성과 불확실성이 항상 존재한다. 현재의 상황에만 맞춰서 생각하다 보면 긍정적인 면과 가능성보다는, 부정적인 면과 불확실성에 더 치중하게 된다. A군의 부모도 아들이 댄스에 대한 열정이 있다는 것을 알지 못했기에 반대했던 것이다. A군도 텔레비전 댄스 영상을 재미로만 봤다면 다른 길을 선택했을 것이다. 가슴으로 느끼면서 댄서로 활동하는 모습을 끊임없이 상상하며 자신의 선택을 믿고 노력했기에 잠재된 능력을 키울 수 있었다.

나이키의 창업자인 필 나이트는 "나는 우리에게 주어진 시간이 생각보다 짧으며, 한정된 시간을 의미 있게 보내야 한다는 사실을 뼈저리게 느꼈다. 그 시간은 목표를 가지고 창의적으로 써야 한다. 무엇보다 남들과는 다르게 써야 한다."라고 했다.

수업 중 학생들에게 하루 일상을 떠올려 보고 이야기하게 한다. 학생들 대부분은 비슷한 일상을 보내며, 자신이나 부모가 짜놓은 틀 속에서 생활하고 있다. 하지만 현재의 삶에 얽매이기보다는 잠재력을 깨우려는 노력이 필요하다. 미래는 단순히 현재 삶의 연장선이 아니라는 점을 인식해야 한다.

내면 깊숙이 숨어 있는 잠재력을 깨우고 일상의 틀 밖으로 나오려면 어떻게 해야 할까?

첫째, 평소 관심 없는 분야에도 눈을 돌려야 한다. 우연히 친구 따라 갔다가 흥미를 느껴서 열심히 일하다 보니, 그것이 직업이 되는 경우도 있다. 얼마 전 〈도전 골든벨〉에 출연한 한 학생은 친구 따라 특성화 고등학교에 진학했다가 자신이 선택한 학과에서 미래의 가능성을 찾고 잠재된 재능까지 발견하게 됐다고 말했다. 이 학생은 최후 1인으로 남아서 문제를 끝까지 풀어 갔다. 익숙한 생활에 만족하기보다는 다양한 분야에 관심을 가져 보자.

둘째, 독서를 습관화해야 한다. 시간 날 때 책을 읽는 것이 아니라 하루 24시간 중에서 책 읽을 시간을 정해서 독서해야 한다. 음식을 편식하지 않고 골고루 섭취해야 하듯이 독서할 때도 다양한 분야의 책들을 읽어야 한다.

셋째, 자신의 미래를 상상하고 미래의 목표를 이루려는 의지와 실천력이 동반돼야 한다. 상상만 하고 실천하지 않고 스스로 변화하려고 하지 않으면 미래는 결코 자신의 것이 될 수 없다.

오늘의 내가 있기까지 어떤 여정 속에 살아 왔는지 생각하고 미래 모습을 그려 보자. 여러분이 선택한 미래에 대해 스스로 책임지며 개척 정신과 도전 정신을 가지고 살아야 할 것이다.

> 미래에는 항상 가능성과 불확실성이 존재한다. 현재 삶에 얽매이기보다 내면에 숨은 잠재력을 깨우려는 부단한 노력이 가능성 가득한 미래를 만들어 줄 것이다. 미래의 선택은 자신의 몫이다. 자신의 선택을 믿는 만큼 진로 목표는 명확해진다.

상상을 실행에 옮겼을 때에만 그것은 현실이 된다.

진로 정보를 찾을 수 있는 곳

✚ 커리어넷: https://www.career.go.kr   ✚ 워크넷: www.work.go.kr

2. 기술의 발전을 어떤 자세로 받아들여야 할까?

질문1 〈보기〉의 미래 기술 중에서 미래 사회를 주도할 것이라 여겨지는 기술을 다섯 가지 적고 우리 삶에 미칠 영향을 적어 보자.

〈**보기**〉 웨어러블 디바이스, 3D 프린팅, 유전 공학, 분자 생물학, 줄기세포, 나노 기술, 인공 지능, 사물 인터넷, 온실가스 저감 기술, 신재생 에너지, 에너지 자원 재활용 기술, 빅 데이터, 가상 현실, 우주 개발 등

	미래 기술	우리 삶에 미칠 영향
예	줄기세포	아픈 사람이 없는 세상이 올 것이다.
1		
2		
3		
4		
5		

TIP 우리 생활 속에서 불편하거나 어려운 것들이 무엇인지 생각한다. 예를 들어 다쳐서 걷지 못하는 친구를 위해 미래 기술을 어떻게 적용할 수 있을지 생각해 본다.

우리 주변에 있는 직업들 중에서 미래 기술로 대체하기 어려운 것은 무엇일까? 아래에 직업과 이유를 적어 보자(5가지를 찾아서 적어 보자).

	직업명	왜 그렇게 생각하나?
예	작가	작가는 창의적인 활동을 하는 직업으로 기술이 발달해도 인간의 고유 영역까지 따라오기는 힘들다
1		
2		
3		
4		
5		

TIP 주변에 있는 직업들을 살펴보고 인공 지능, 로봇, 드론이 대체할 수 있는 직업과 대체하기 어려운 직업으로 분류한다. 커리어넷(www.career.go.kr), 워크넷(www.work.go.kr)에서 직업 정보를 탐색해 본다.

미래의 가장 좋은 점은 한 번에 하루씩 오는 것이다.

링컨

음식을 배달시킬 때, 택시를 부를 때, 숙박 예약을 할 때, 송금할 때 사람들은 어떤 앱을 사용할까? 요즘은 스마트폰에 앱만 설치하면 오프라인에서 상품이나 서비스를 편하게 이용할 수 있다.

버스 정류장과 지하철 승강장에는 안내판이 설치돼 있어 버스와 지하철이 몇 분 후 도착할지 혼잡한지 여유로운지도 알려 준다. 가정에서는 버튼만 누르면 로봇 청소기가 알아서 집안 곳곳을 청소한다. 이 모든 것이 현재 우리가 살고 있는 일상의 모습이며, 이 시대를 4차 산업 혁명 시대라고 한다.

1차 산업 혁명으로 1780년 증기 기관이 발명됐고, 기계를 이용해 제품을 생산하기 시작했다. 가내 수공업에서 공장제 공업으로 생산 노동의 패러다임이 변화한 것이다. 2차 산업 혁명으로 1870년대 전기 기관이 발명됐고 대량

생산이 가능해져서 노동력을 절약할 수 있었다. 3차 산업 혁명으로 1970년대 정보통신 기술이 발달해 생산 라인이 자동화됐고 사람은 생산 라인의 점검 및 제어를 담당하게 됐다. 4차 산업 혁명으로 인공 지능, 빅 데이터, 로봇 등을 기반으로 기술이 융합되고 사람과 사물, 공간이 초연결되고 초지능화됐다. 우리는 지금 4차 산업 혁명 시대를 살고 있다.

《유엔미래보고서 2030》(박영숙 외, 교보문고, 2012)에서는 가까운 미래에 인간과 로봇의 일자리 경쟁이 치열해질 것으로 전망하고 있다. 이 보고서에서는 2050년에 로봇에게 빼앗기는 대표적인 일자리 9가지를 제시하고 있다.

1. 한 건의 오류도 없이 처방하는 약사 로봇.
2. 지치지 않고 법률 서류를 검토하는 소프트웨어
3. 더 안전하게 달리는 무인 자동차
4. 공기 없는 우주에서 작업하는 로봇
5. 고객이 직접 계산하도록 돕는 셀프 서비스 기계
6. 위험한 전투를 수행하는 전투 로봇
7. 부모 대신 아이를 돌보는 육아 로봇
8. 재난과 재해 시 부상자를 효율적으로 구조하는 로봇
9. 경기 데이터만으로 기사를 작성하는 소프트웨어

로봇 기술 외에 미래 사회를 주도하는 핵심 기술은 웨어러블 디바이스

(wearable devices), 3D 프린팅, 유전 공학, 분자 생물학, 줄기세포, 나노 기술, 인공 지능, 사물 인터넷, 온실가스 저감 기술, 신재생 에너지, 에너지 자원 재활용 기술, 빅 데이터, 가상 현실, 증강 현실, 자율 주행차, 로봇, 인공 지능, 드론 등이 있다.

웨어러블 디바이스, 인공 지능, 드론, 자율 주행차 등은 인간을 위한 기술이다. 로봇은 인간과 일자리를 경쟁하는 대상이 아니라 인간 삶에 도움을 주며 협력해 나가기 위해 만들어졌다. 따라서 미래 기술을 잘 활용하고 실생활에 적용하려는 적극적인 마음의 자세가 미래 사회에서 성공하는 길이다.

미래 기술은 인간에게 해가 되기보다는 행복한 삶을 가져다 줄 것이다.

	미래 핵심 기술	내용
1	웨어러블 디바이스	신체에 착용할 수 있게 제작한 디바이스를 개발하는 기술
2	3D 프린팅	3차원 형상을 디지털로 설계, 스캔해 구조물을 제작하는 기술
3	유전 공학 / 분자 생물학	생물의 유전자를 조작해 실생활에 적용하는 기술
4	줄기세포	신체 조직으로 분화하는 세포를 이용, 수명을 연장하는 기술
5	나노 기술	극미세 단위로 물질 구조를 제어, 혼합해 우수한 소재를 개발하는 기술
6	인공 지능	인간의 지능으로 할 수 있는 사고와 행동을 컴퓨터 스스로 하도록 하는 기술
7	사물 인터넷	일상의 모든 것이 인터넷으로 연결되는 미래 네트워크 기술
8	온실가스 저감 기술	지구 온난화를 일으키는 온실가스의 배출량을 감축하는 기술
9	신재생 에너지	석유, 천연가스 등 화석 연료 대신 재생 가능한 에너지를 개발하는 기술
10	에너지 자원 재활용 기술	여러 에너지와 자원의 재사용 방법을 연구하는 기술
11	빅 데이터	많은 양의 정보를 빠르게 처리하는 기술
12	가상 현실	현실과 비슷한 다양한 환경과 상황을 컴퓨터로 체험하는 기술
13	우주 개발	태양계를 포함한 우주를 과학적으로 탐색하는 기술

미래 기술 관련 학과는?

나노전자물리학과, 분자생물학과, 유전공학과, 줄기세포재생공학과, 산림환경시스템학과, 게임공학과, 고분자공학과, 광학공학과, 드론교통공학과, 로봇공학과, 디지털콘텐츠과, 반도체공학과, 모바일공학과, 메카트로닉스공학과, 생명공학과, 생물공학과, 세라믹공학과, 소프트웨어공학과, 신소재학과, 원자핵공학과, 자동차IT융합과, 전파정보통신공학과, 제어계측공학과, 항공우주학과 등

3. 나는
어떤 인재가 될까?

 질문1 내가 회사 대표라면 어떤 인재를 채용할 것인가? 〈보기〉에서 3개를 고르고 그 이유를 작성한다.

〈보기〉 창의성, 전문성, 도전 정신, 협력, 원칙·신뢰, 글로벌 역량, 주인 의식, 열정, 실행력, 자신감, 인성, 감수성, 의사소통 역량, 공동체 의식, 융·복합 능력, 유연성, 지혜, 학벌, 공감 능력, 지식, 외국어 실력, 모험심 등

	인재 능력	선택한 이유는?
예	모험심	여행업을 하는 회사이므로 모험심이 있어야 여행 가이드로 적합할 것이다.
1		
2		
3		

TIP 건설업, 의류업, IT 기업 등 어느 분야의 기업을 운영할지 생각한다. 회사를 발전시키기 위해 필요한 인재는 어떤 능력을 갖춰야 할까? 신입사원을 채용한다면 어떤 인재를 왜 선발할 것인지 탐색하고 적는다.

미래 사회가 요구하는 인재가 되기 위해 준비해야 할 것은?

	요구하는 인재 능력	준비해야 할 것
예	실행력	계획을 세워 실천하는 능력이 부족하다. 내가 할 수 있는 것부터 스스로 계획을 세우고 실천하는 습관을 가져야겠다.
1		
2		
3		
4		

TIP 질문 1에 제시된 〈보기〉를 참고한다. 〈보기〉에 없지만 본인이 필요하다고 생각하는 능력을 적어도 된다. 능력을 향상시키기 위해 현재 어떤 노력을 해야 할까 생각해 적는다.

질문3 **주변에서 창의 융합형 인재라고 생각되는 사람 2명을 적고, 선택한 이유를 적는다.**

(예) 진로 선생님
진로 수업을 스토리텔링으로 재미있게 진행하신다. 책도 많이 읽고 아이디어도 많으시다.

TIP 주위 사람과 다른 점을 살펴본다. 이름을 반드시 적어야 하는 것은 아니며 직책만 적어도 된다.

꼭 해야 할 일부터 하라.
그 다음에 할 수 있는 일을 하라. 성 프란체스코

활동지 작성 후 나는?

✛ 중학교, 고등학교, 대학교에서 내가 어떤 공부를 해야 할지 파악할 수 있다.

✛ 시대에 따라 기업이 요구하는 인재상이 다르다는 것을 알 수 있다.

✛ 원하는 직업을 갖기 위해 무엇을 준비해야 할지 구체적으로 파악할 수 있다.

인재는 어떤 일을 할 수 있는 학식이나 능력을 갖춰 사회에 진출해서 중심적인 역할을 하는 사람을 말한다. 성인이 됐다고 모두가 인재가 되는 것은 아니다. 인재는 사회나 직장에서 필요로 하는 일정한 역량과 재능을 갖추어야 한다. '인재상(人材像)'은 사회에서 필요한 역량과 소질을 갖춘 인재란 어떤 사람인가를 보여준다.

사회나 직장이 요구하는 인재상은 시대에 따라 다르다. 대한상공회의소는 2008년부터 5년마다 한 번씩 100대 기업 인재상을 분석한 결과를 발표했다.

100대 기업의 인재상 변화를 보면 '소통과 협력'은 2008년에는 5위, 2013년에는 7위였으나 2018년에는 1위로 등극했고, 2013년 1위였던 도전정신은 2018년 4위로 물러났으며, 2008년 1위였던 창의성은 2013년 4위, 2018년 6위로 물러났다. 5년마다 기업의 인재상이 변화하고 있음을 알 수 있

구분	2008년	2013년	2018년
1위	창의성	도전 정신	소통·협력
2위	전문성	주인 의식	전문성
3위	도전 정신	전문성	원칙·신뢰
4위	원칙·신뢰	창의성	도전 정신
5위	소통·협력	원칙·신뢰	주인 의식
6위	글로벌 역량	열정	창의성
7위	열정	소통·협력	열정
8위	주인 의식	글로벌 역량	글로벌 역량
9위	실행력	실행력	실행력

〈출처: 100대 기업의 인재상 변화(대한상공회의소)〉

다. 2018년 이후 기업들은 조직 역량을 강화하기 위해 소통과 협력, 전문성, 원칙과 신뢰, 도전 정신을 인재가 갖춰야 할 덕목으로 강조하고 있다.

2018년 〈중앙일보〉에서는 신년 기획으로 한국 사회 오피니언 리더, 전문직 군 대표자 100명을 대상으로 미래 역량에 대해 인터뷰를 했다. 그들이 중시한 미래 역량은 창의력(29명), 인성 역량(28명), 융·복합 능력(26명), 협업·협동 능력(26명) 순이었다. 창의력, 인성 능력, 융·복합 능력, 협업·협동 능력이 미래 사회를 살아가는 데 있어서 가장 필요한 역량이라는 의미다. 여기에 소통 능력 도 중요하다고 답했다.

미래를 예측하는 것은 쉬운 일이 아니다. 리더, 전문직군 대표자가 말하는 미래 역량을 키우기 위해 어떤 준비와 노력을 해야 할까? 그러한 노력의 결과가 우리의 미래가 될 수 있다. 인간의 운명은 스스로 결정하고 창조하는 대로 변한다. 2020년 다보스 포럼에서는 21세기를 살아갈 청소년들에게 필요한 스킬을 다음과 같이 제시하고 있다.

기초 소양	문해력, 산술 능력, 과학 소양, 컴퓨터 지식 소양, 금융 소양, 문화적인 시민 소양
역량	비판적 사고 역량, 창의 역량, 의사소통 역량, 협업 능력
성격적 특성	호기심, 진취성, 지구력, 적응력, 리더십, 사회문화적 의식

미래 사회는 복잡하고 다양하게 변화할 것이다. 따라서 융합적인 문제를 해결할 수 있는 인재가 필요하다. 이 세상에 뭐든지 잘할 수 있는 사람은 없다. 아인슈타인은 "모든 사람은 천재다. 하지만 만약 당신이 물고기를 나무 오르는 능력으로 평가한다면 그 물고기는 평생 동안 자신이 바보라고 믿으며 살 것이다."라고 했다. 물고기는 헤엄을 잘 치는 것이 특기이고, 나무를 잘 오르는 것은 원숭이다. 달리기를 잘하는 동물은 치타이다. 이렇듯 동물들은 저마다 잘하는 것이 있다. 우리도 마찬가지다. 사람마다 잘하는 것이 있고 어려워하는 것이 있다. 미래를 준비하는 청소년들은 자신이 무얼 잘하는지를 찾아서 그 분야에서 다른 사람보다 탁월한 인재가 되기 위해 노력해야 한다.

다양한 분야에 호기심을 가지고 도전해 두루두루 체험해 봐야 자신이 잘하는 것을 발견할 확률이 높아진다. 학창 시절에 다양한 분야에 도전해 보는 공부가 필요하다. 다양한 분야에서 일어나는 모든 변화를 세심하게 관찰하면서 자신만의 전문성을 만들어 가야 한다.

시험 성적을 잘 받기 위한 공부가 아니라, 창의성과 융·복합 능력 그리고 소통하고 협업하는 능력을 키우기 위한 학습을 해야 한다. 인공 지능과 기계가 대체하기 힘든 일을 찾아야 한다. 그러기 위해서는 끊임없이 노력하고 배워야 한다.

4차 산업 혁명 시대가 요구하는 인재는 비판적 사고 역량, 창의 역량, 의사소통 역량, 협업 능력을 갖춰야 한다. 이러한 능력은 벼락치기 공부하듯 한순간에 얻을 수 있는 것이 아니라 평소 다양한 분야에 도전하는 경험 속에서 키울 수 있다. 자신의 잠재 능력을 세상 밖으로 드러내기 위한 노력과 학습이 필요하다. 탁월한 인재는 태어나는 것이 아니라 꾸준한 학습으로 만들어지는 것이다.

미래 사회가 요구하는 인재가 되는 길의 출발점은 호기심과 상상력이다.

미래 인재상 정보를 한눈에 볼 수 있는 곳
+ 잡코리아 : www.jobkorea.co.kr
+ 대한상공회의소 : www.korcham.net
+ 세계경제포럼 : www.weforum.org
+ 4차산업혁명위원회 : www.4th-ir.go.kr

4. 나를 매력적으로 브랜딩하는 방법은 무엇일까?

질문1 나의 성향과 관심 분야를 파악해 보자. 해당하는 것에 체크한다(복수 체크 가능).

성격은?

◯외향적 ◯내성적

◯신중함 ◯호기심

◯추진 능력 ◯현실적

◯감성적 ◯고집이 세다

◯화를 참지 못한다

◯배려심 ◯책임감 ◯신뢰성

◯정직성 ◯리더십

◯사회성 ◯혁신적인

[기타:]

가치관은?

◯지적 추구 ◯여유로움

◯안정적 ◯봉사 정신

◯자율적 ◯성취욕

◯개인적 ◯경제적 보상

◯다양성

◯타인에게 영향력 행사

[기타:]

관심 분야는?

◯인문사회연구직

◯자연생명과학연구직

◯경영행정사무직

◯정보통신기술직 ◯건설직

◯공학기술직 ◯교육직 ◯군인

◯서비스직 ◯보건의료직

◯예술 분야 ◯운전운송직

◯식품가공생산직

◯섬유의류직 ◯영업판매직

◯여행 숙박 관련

◯화학환경 분야

[기타:]

TIP 성격과 가치관은 중복해서 선택할 수 있다. 그러나 관심 분야는 하나만 선택한다. 관심 분야가 보기에 없으면 기타란에 작성한다. 평소 자신이 어떤 성향인지 파악한 후 작성한다.

질문2 **나의 브랜드를 만들어 보자.**

브랜드명

(예) 진로 재구성 작가

브랜드 표어

(예) 청소년들의 미래를 밝혀 주는 등대지기

브랜드 설명

(예) 우리나라 진로 교육의 방향성을 다시 살펴보고 미래를 준비하는 청소년이 꿈과 희망을 가슴속에 품도록 하는 진로 재구성 작가가 되고자 한다.

TIP 성격, 가치관, 관심 분야에 어울리는 자신만의 브랜드를 만든다. 미래에 어떤 직업 활동을 할지 구상하고 자신의 모습을 펼쳐 보일 수 있는 브랜드를 만들어 본다.

꿈이 없는 사람은 생명력 없는 인형과 같다.

그라시안

모델은 주로 패션쇼에서 의상을 입고 워킹을 하며 광고나 잡지 화보에도 등장한다. 사람들은 대체로 모델이라고 하면 그저 예쁘고 날씬하고 키가 큰 사람을 떠올리지만, 정작 모델 세계에서 외모는 그리 중요하지 않다. 자신이 입고 있는 옷의 강점을 가장 잘 표현하는 사람이 최고의 모델이다.

세계적인 패션 모델들을 살펴보면 매우 개성 있는 외모를 가졌다. 옷을 강조하지 못하는 외모로는 모델 세계에서 견뎌내기 힘들다. 따라서 모델이 되기 위해서는 자신이 어떤 모델이 되고 싶은지 스스로 묻고 그 속에서 답을 얻어야 한다. 개개인의 이미지는 그 자체가 브랜드다.

채근담에 '심사재화(心事才華)', 즉 마음은 밝게 알리고 재능은 깊게 감추라는 말이 있다. 군자의 마음은 하늘처럼 푸르고 대낮같이 밝다. 남이 이를 못하게 해서는 안 된다. 군자의 재능은 주옥처럼 깊이 감춰져 있다. 남이 이를 쉽게 알도록 해서는 안 된다. 채근담에서 말하는 심사재화(心事才華)는 재능을 알리되 마음속에 가시가 숨어 있으면 안 된다는 의미다. 상대방을 배려하며 따뜻한 마음으로 대하고 너무 잘난 체 떠벌리지 말라는 의미라고 생각한다. 따듯한 마음이 없는 자기 자랑은 감동도 없고 알맹이도 없는 껍데기일 뿐이다. 사람에게는 저마다 향기가 있다. 달콤한 향이 뿜어져 나와 주변을 환상 속으로 끌어들이는 사람이 돼야 한다. 속과 겉이 같은 사람, 말과 행동이 일치하는 사람, 재능을 알리지 않아도 몸 밖으로 뿜어져 나오는 사람이 채근담에서 의미하는 군자라고 할 수 있다.

이처럼 옛날에는 자신을 자랑하는 것을 팔불출이라고 했지만, 어느덧 자신을 드러내 놓고 자랑하고 알려야 하는 시대가 됐다. 내가 어떤 사람인지 알려야 나를 필요로 하는 곳에서 불러주고 내 이야기도 들어주고 내가 운영하는 블로그나 페이스북 등 SNS에도 방문하는 것이다.

자신만의 브랜드를 만들어서 홍보할 때는 주변에서 뭐라고 하든 자신이 나아가고자 하는 방향대로 나가야 한다. 이때 보여지는 것에만 신경 쓰기보다는 브랜드 속에 삶의 가치와 철학을 담고 자신만의 전문성을 나타내야 한다. 항상 분수를 지키며 스스로 역량을 키워서 자신만의 브랜드를 만들어야 한다. 그래야 보이지 않는 미래 사회 속에서 살아남을 수 있다.

여러분은 매력적인 사람인가? 당신의 브랜드는 매력이 있나? 나만의 매력 있는 브랜드를 어떻게 만들어낼 것인가? 나 자신과 연결된 매력적인 브랜드를 만들어 보자. 무엇보다 브랜드에는 내면에서 우러나오는 진정성이 깃들어 있어야 한다. 따라서 억지로 자신의 매력을 만들 수 없다. 살아가는 과정 속에서 브랜드의 가치를 높여 주는 무엇, 그것이 여러분이 가진 진정한 매력이다.

고등학교, 대학교 입시와 취업 면접에서 자신의 재능을 드러내지 못하면 합격할 수 없다. 이때는 재능을 매력 있는 브랜드로 만들어서 홍보해야 한다. 잘하는 것이 무엇인지, 관심 있는 분야에 어떤 능력이 있는지 보여줘야 한다. 표출하지 않으면 상대방은 알지 못한다. 성실하게 살아가는 과정 속에서 자신만의 가치 있고 진정한 매력을 발견하는 것이 중요하다.

자신만의 강점을 표출할 수 있는 브랜드를 만들어라.

개인이 보유한 가치 발굴을 도와주는 직업, 개인 브랜드 매니저(Personal Brand Consultant)에 대해 알아볼까요?

사회가 급변할수록 직업은 다양해진다. 현재 기술과 문화 발달 추세로 볼 때 미래 사회는 더욱 급속도로 변화할 것이 분명하다. 이것이 미래에 원하는 직업을 갖기 위해 자신만의 브랜드 가치를 명확히 파악하는 것이 필요한 이유다. 하지만 개인이 스스로의 가치를 객관적으로 파악하는 것에는 한계가 있다. 이때 개인에 대한 상대적인 평가를 제공하고 장점을 개발할 수 있도록 도움을 주는 직업이 바로 개인 브랜드 매니저다.

✚ 하는 일
· 직업심리검사 실시, 적성과 기술에 맞는 직업 정보 소개
· 강점을 향상시키고 약점을 보완할 수 있는 방법 제시
· 교육 수준과 경력, 성향 등을 파악하고 취업 전략 수립
· 개인의 특성이나 생애 목표 등을 파악하여 더 나은 삶을 위한 방향 제시

✚ 필요한 흥미 및 적성
· 타인에게 신뢰감을 주는 성향의 사람이 적합
· 대화 주제에 집중 및 공감할 수 있는 성향
· 의사 소통 능력, 타인에 대한 배려심, 인내심, 윤리 의식, 분석력, 통찰력 등

〈출처: 커리어넷 해외 신직업〉

브랜드 관련 정보를 한눈에 알 수 있는 곳
✚ 중소벤처기업부 : www.mss.go.kr/site/smba/main.do
✚ 커리어넷 : www.career.go.kr

내공부터 단단하게

　　2019년 AI융합교육컨퍼런스에서 교육계와 과학계는 인공 지능 시대를 선도하는 인재 육성을 위한 공동 선언문을 발표했다.

　　"오늘날 인공지능 시대를 살아갈 모든 학생이 학교 교육을 통해 인공 지능을 친숙하게 느껴 앞으로 인공 지능 리터러시를 갖추고 미래 사회에 적응할 수 있도록 해야 한다. 휴머니즘에 기초한 인공 지능 사회를 위한 융합 인문 교육을 모색해야 한다. 교육계와 과학계가 힘을 모아 인공 지능을 친구처럼 여기는 인재를 만들 수 있는 교육 체계를 만들어 가야 한다."

.

　　안성진 한국과학창의재단 이사장은 기조 강연에서 AI와 더불어 문제를 해결하고 소통하는 인재 양성을 위한 교육 혁신이 시급하며 AI 시대가 요구하는 인재상은 5R을 갖춰야 한다고 말했다. 5R은 읽고(Reading), 쓰고(wRiting), 셈하고(aRithmatic), 프로그래밍하고(pRogramming), 협업(collaboRation)하는 능력을 의미한다. 미래 사회를 살아가야 하는 청소년들이 복합적인 문제를 슬기롭게 해결해 나갈 수 있는 역량을 학습하도록 하겠다는 것이다.

　　'역량(力量)'이란 다양한 상황에서 자신에게 주어진 업무나 과제를 효과적으로 수행하기 위해 필요한 지식, 기술, 태도를 말한다. 그중에서도 조직이나 회사 구성원들이 반드시 갖추어야 할 것을 '핵심 역량(核心力量)'이라고 한다. '2015 개정 교육 과정' 총론에서는 교육 과정이 추구하는 인간상을 구현하기 위한 핵심 역량을 제시하고 있다.

　　자기 관리 역량은 자아 정체성과 자신감을 가지고 자신의 삶과 진로에 필요한 기초 능력과 자질을 갖추어 자기 주도적으로 살아가는 역량이다. 이는 자아 정체성 확립, 자기 통제, 여가 선용, 건강 관리, 기초 학습 능력, 자기 주도 학습 능력,

2장

합리적 경제 활동, 기본 생활 습관, 진로 개발 능력 등을 말한다.

의사소통 역량은 다양한 상황에서 생각과 감정을 효과적으로 표현하고 다른 사람의 의견을 경청하며 존중하는 역량이다. 따라서 말하기, 듣기, 쓰기, 읽기, 타인 이해, 존중, 배려 등이 필요하다.

지식 처리 정보 역량은 문제를 합리적으로 해결하기 위해 다양한 영역의 지식과 정보를 활용하는 역량이다. 구체적으로 논리적이고 비판적인 사고를 통한 문제 인식, 정보 수집 분석 활용 등을 통한 문제 해결 방안의 탐색, 해결 방안의 실행 평가, 매체 활용 능력 등을 말한다.

심미적 감성 역량은 인간에 대한 공감적 이해와 문학적 감수성을 바탕으로 삶의 의미와 가치를 발견하고 향유하는 역량이다. 구체적으로 문화적 감수성, 다원적 가치 존중, 상상력 등을 말한다.

창의적 사고 역량은 기초 지식을 바탕으로 다양한 전문 분야의 지식, 기술, 경험을 융합해 새로운 것을 창출하는 역량이다. 유창성, 융통성, 독창성, 정교성, 유추성, 민감성, 개발성, 독립성, 과제 집착력, 자발성 등이 필요하다.

공동체 역량은 지역, 국가, 세계 공동체의 구성원에게 요구되는 가치와 태도를 가지고 공동체 발전에 적극적으로 참여하는 역량이다. 구체적으로 시민 의식, 준법 정신, 환경 의식, 윤리 의식, 봉사 정신, 규범 및 질서 의식, 협동, 갈등 관리, 리더십 등을 말한다.

1. 능력을 기르는 가장 좋은 방법은 무엇일까?

질문1 최근 학습 능력을 향상시키기 위해 노력했지만 실패한 사례를 적고, 실패 이유와 극복 전략을 생각해 보자.

실패 사례

(예) 잠들기 전 10분간 복습하려고 했는데 일주일 만에 포기했다.

실패 이유는?

(예) 스마트폰으로 유튜브 영상을 보다 보니 멈출 수가 없었고, 그냥 잠들어 버렸다.

극복하기 위한 전략

(예) 잠들기 20분 전에 스마트폰 전원을 끄고 거실에 둔다. 잠들기 전 스마트폰을 멀리하는 습관부터 가져야겠다.

TIP 1. 성적을 올리기 위해 노력했던 공부 방법들을 떠올려 본다.
2. 학습 계획을 세우고 실천했지만 번번이 실패한 이유를 분석한다.
3. 실패한 이유를 분석하고 극복하기 위한 전략을 세워서 실행에 옮겨야 그것이 습관이 된다.

질문2 **진로 목표를 이루기 위한 자기 개발 계획을 세워 보자.**

25년 후

(예) 농촌진흥청에서 스마트 농업 연구원으로 활동하며 ICT와 농업 융합 교육 프로그램 지도 강사, 작가로 활동 중이다.

20년 후

(예) 스마트 농업 연구원으로서 전문성을 향상 하기 위해 농업과 통신 전공 대학원에서 박사 학위 과정을 공부한다.

15년 후

(예) 대학에서 배운 지식을 바탕으로 농촌진 흥청에 입사하기 위해 공부하면서 스마트 농 업과 ICT 기술을 접목한 농업을 개발 중이다.

10년 후

(예) 대학교 농업학과에 진학한 뒤 ICT 관련 학과를 복수 전공해 스마트 농업에 대해 공부 한다.

TIP 1. 25년 후 어떤 일을 하고 있을까? 또는 어떤 활동을 할까? 진로 목표를 이루는 과정과 행복 한 삶을 위한 단기, 중기 계획을 세운다.
2. 자신이 하는 일에 전문성을 향상시키기 위해 무엇을 해야 할지 생각해 보고 계획을 세운다.

너에게서 나온 것이 너에게로 돌아간다

맹자

활동지 작성 후 나는?

✦ 자신에게 닥친 변화, 즉 가정, 학교, 사회 속에서 자신과 관계 있는 변화는 무엇인지 예상할 수 있다.

✦ 우리는 평생 동안 배워야 한다. 자신이 원하는 분야에서 전문가로 활동하기 위해 살아가면서 배워야 할 것에 대해 알 수 있다.

✦ 자신의 능력을 개발하기 위한 로드맵을 작성하면서 공부해야 하는 이유를 알고 학습 계획을 세울 수 있다.

《호모 커넥서스》(호이테북스, 2019)의 저자인 송형권 작가는 "익숙한 것에 안주하고 즐기는 사이 경쟁자가 내 멍석을 치워 버렸다. 치워 버려진 멍석은 다시 돌아오지 않는다. 새로운 시대가 오고 있다. 이런 시대에는 새로운 미래, 새로운 기회가 보인다. 변화에서 기회를 찾는 통찰력이 필요하다."라고 했다.

지식의 생성과 소멸 주기가 짧아지고 평생 직장이라는 말이 사라져 가는 오늘날, 인간은 재능과 능력을 꾸준히 개발해야 하는 압력을 받고 있다. 자기 개발은 자신의 재능, 적성, 성향 등을 이해하고 목표 성취를 위해 관리하며 개발해 나가는 능력이다. 우리를 둘러싸고 있는 환경은 끊임없이 변하고 그 속도 또한 계속 빨라지고 있다. 따라서 과거의 지식과 기술에 얽매이지 않도록 계속해서 자신의 능력을 개발해 나가야 한다.

자기 개발은 평생에 걸쳐서 이루어져야 한다. 학교에서 개념과 원리를 배웠다면 사회에서는 실생활에 적용할 수 있는 직무 능력을 배워야 한다. 사람은 누구나 현재보다 더 나은 삶을 누리고자 희망한다. 자기 개발을 위해서는 자존감과 자신감이 높아야 한다. 즉 자신이 어떤 성향을 가졌는지 파악하고, 주변 사람들을 의식하기보다 자신만의 방향으로 역량을 개발해 나가야 하며, 그러려면 자존감과 자신감, 자기 효능감이 필요하다.

사람들은 대체로 현재 하는 일을 지속하길 원하며 편안함을 추구한다. 그러나 변화는 낡은 습관을 버리고 새롭고 좋은 습관으로 바꾸어 가는 과정이다. 변화에 능동적으로 적응할 때 성공하는 삶을 살 수 있다.

자기 개발의 특징은 무엇일까?

첫째, 자기 개발의 주체는 타인이 아니라 자기 자신이다. 자기를 개발하는 것은 스스로 계획하고 실행한다는 의미다. 자신의 능력, 적성, 특성 등을 이해하고 목표 성취를 위해 스스로를 관리하며 개발하는 것이다.

둘째, 자기 개발은 평생에 걸쳐서 이루어지는 과정이다. 우리의 주변 환경은 끊임없이 변화하고 있으며 우리에게 지속적으로 학습할 것을 요구하고 있다. 따라서 이러한 환경에 적극적으로 대처해야 한다.

셋째, 우리의 인생은 일과 밀접한 관련이 있으며 현재 직업이 없더라도 직업을 탐색하고 준비하는 과정을 거쳐야 한다. 일과 관련해 능력을 발휘하고 개발하려 노력해야 한다.

넷째, 자기 개발은 일생생활 속에서 이루어져야 한다. 현재 자신이 하고 있는 직무 혹은 직업 세계와 관련해 대인관계를 맺고 감정을 관리하고 의사소통해야 한다는 뜻이다.

다섯째, 자기 개발은 특정한 사람뿐 아니라 우리 모두 해야 하는 것이다. 자신이 정한 목표를 달성해 더욱 보람 있고 나은 삶을 살아가고자 하는 사람이라면 누구나 자기 개발을 위해 노력해야 한다.

미래 사회에 맞게 창의적으로 생각하고 행동하기 위해서는 평생 동안 배우고 실천해야 한다. 자기 개발을 하는 이유는 미래에 꿈을 이루고 변화하는 환경에 적응하며 주변 사람들과 긍정적인 인간관계를 맺기 위해서다.

변화는 낡은 습관을 버리고 끊임없이 새롭고 좋은 습관으로 바꾸어 가는 과정이다. 변화에 능동적으로 적응하려면 끊임없이 배우고 실천해야 한다. 학교 공부는 물론 이고 직장 생활에서도 자기 개발을 위한 노력은 선택이 아니라 필수다.

낡은 습관을 버리고 끊임없이 새롭게 바꾸어 가라.

자기 개발 관련 강연 사이트

✚ 세상을 바꾸는 시간 〈세바시〉 : www.sebasi.co.kr

✚ TED 강연 : www.ted.com

2. 창의성과 독서는 왜 항상 붙어 다닐까?

질문1 레오나르도 다빈치, 아인슈타인, 에디슨의 공통점은 무얼까? 세 가지만 적어 보자.

레오나르도 다빈치   아인슈타인   에디슨

1.

2.

3.

TIP 1. 인류가 발전하는 데 공헌한 천재들의 공통점은 무엇일까. 인터넷 포털 사이트에서 위 사람들을 검색한다. 각각의 특징들을 읽어 보면 공통점을 발견할 수 있다.
2. 평소 알고 있는 지식을 바탕으로 적어도 된다. "천재다" "과학자다" "유명하다" 이렇게 적으면 안 된다. 내용을 꼭 읽고 공통점을 찾아본다.

질문2 일상생활 속에서 창의성을 키우는 방법을 찾고, 자신에게 어떻게 적용할 것인지 적는다.

	창의성을 키울 수 있는 방법	나에게 적용하면
예	(예) 등하교할 때 주변 사물을 호기심을 가지고 관찰한다.	길가에 핀 꽃들을 스마트폰으로 검색해서 이름을 알아보고 매일 어떻게 변하는지 관찰한다.
1		
2		
3		

TIP 내 주변에 있는 것들의 변화를 살펴본다. 그동안 일상 속에서 관심을 기울이지 않았다면 이제부터라도 매일 매일 주변을 살펴보고 관찰하는 습관을 갖는다. 이와 함께 독서와 창의성의 관계도 생각해 보자.

말하기 전에 생각하고 생각하기 전에 책을 읽으라.

조셉 우드 크루치

활동지 작성 후 나는?
✚ 노력하면 누구나 천재가 될 수 있다는 마음가짐을 갖는다.
✚ 지금까지 주변에 관심을 기울이지 않고 살아왔는데 주변을 살피기 시작하니 보이는 것이 많아졌다. 호기심은 또 다른 배움의 길이다.
✚ 꾸준하게 책을 읽는 습관이 천재를 키운다는 것을 알았다.

《레오나르도 다빈치》(아르테, 2019)의 저자 월터 아이작슨은 서문에서 "레오나르도 다빈치의 천재성은 인간적 성격을 띠었고 개인의 의지와 야심을 통해 완성됐다. 그는 뉴턴이나 아인슈타인처럼 한낱 평범한 인간이 가늠조차 할 수 없는 초인적인 두뇌를 타고난 게 아니었다. 학교 교육을 거의 받지 못했고, 라틴어를 읽거나 복잡한 나눗셈을 할 줄 몰랐다. 그의 천재성은 우리가 한 번 배워 볼 만한 것이다. 그것은 우리 스스로를 향상시킬 수 있는 능력, 이를 테면 호기심이나 치열한 관찰력을 기반으로 한다. 그의 걷잡을 수 없는 상상력은 공상과의 경계가 모호할 정도였는데, 이러한 상상력 역시 우리가 스스로 지키기 위해 노력하고 키워 볼 만한 부분이다."라고 말하며 "레오나르도 다빈치는 관찰력과 창의력을 결합하는 방법을 알았고, 그 덕분에 역사상 가장 뛰어난 혁신가가 됐다."고 덧붙였다.

레오나르도 다빈치는 30대 후반이 돼서야 체계적인 독서를 하기 시작했다. 당시 유럽에서 가장 유명한 비스콘티가 도서관을 드나들면서 67세로 삶을 마칠 때까지 독서를 게을리하지 않았다. 라틴어 공부도 늦게 시작했지만 초인적인 의지로 라틴어로 쓰인 고전들을 읽어 나갔고, 책을 읽고 나면 새로운 지식들을 노트에 꼼꼼하게 정리하고 원전을 그대로 필사했다.

라틴어 문법 책과 수학 관련 책들도 베껴 쓰면서 생각의 깊이를 더하고, 책 속의 중요한 내용을 되새기기 위해 독서 후에는 늘 깊은 사색을 통해 창의적인 생각을 키워 나갔다. 다빈치는 이렇게 치열하게 독서를 하며 다양한 분야의 식견을 넓히고 그 지식을 바탕으로 자신의 창의성을 일깨웠다.

창의 융합 역량은 인문학적 상상력과 과학 기술 창조력을 융합해 새로운 가치를 창출하는 것을 의미한다. 창의 융합 역량을 키우는 데는 여러 가지 방법이 있지만, 그중 독서 활동에 대해 알아보자.

독서 활동은 뇌의 모든 영역을 활성화해서 정보를 연결하는 통로를 만든다. 인문학적 소양을 갖추려면 문학, 역사, 철학, 과학, 고전 등 다양한 분야를 아우르는 독서가 이루어져야 한다.

창의성은 축적된 지식을 새로 연결하고 조합할 때 나타난다. 이 연결고리가 바로 상상력이다. 자유로운 상상력은 다양한 분야의 독서를 통해 얻은 지식들을 그물 엮듯이 촘촘하게 연결하는 것이다. 천재들의 독서법을 검색해 보면 공통점을 발견할 수 있다. 어려서부터 다양한 분야의 책을 읽고 깊이 있게 사색하고 필사하며 이해될 때까지 반복해서 책을 읽었던 것이다. 천부적인 뇌 기능을 타고난 천재들도 있지만, 호기심과 실천하는 의지, 도서관의 책을 모두 읽을 정도의 엄청난 독서량으로 창의 융합형 천재가 된 경우가 더 많다.

1만 시간의 법칙이란 말이 있다. 한 분야에서 1만 시간을 노력하면 전문가가 된다는 말이다. 독서도 마찬가지다. 매일매일 10분씩이라도 집중해 1만 시간 동안 책을 읽으면 지금과 완전히 다른 자신의 모습을 발견할 것이다.

지금까지는 한 분야의 전문가적 소질을 갖춘 인재가 성공했다면, 미래 사회에서는 다양한 분야의 지식과 기술을 융합할 수 있는 창의 융합형 인재가 성공한다. 사람마다 성향이 다르듯이 독서 방법이나 공부 방법도 다를 수밖에 없다. 성공한 사람들의 독서 방법을 노트에 정리해 자신만의 독서 방법을 만들어 보자. 그리고 레오나르도 다빈치처럼 어떠한 장애물이 나타나도 독서 계획만큼은 반드시 실행에 옮기는 굳은 의지를 키워 보자.

창의성은 습관의 힘으로 길러진다. 맛있는 음식을 즐겁게 먹듯이, 재미있는 놀이를 시간 가는 줄 모르고 즐기듯이, 일상생활 속에서 습관화해야 한다.

창의 융합형 인재로 성장하고 싶다면 몰입 독서를 해야 한다. 읽고 쓰고 생각하는 활동 속에서 창의성은 길러진다. 창의성은 아무것도 하지 않는데 갑자기 찾아오지 않는다. 일상생활 속에서 창의적인 활동들을 꾸준히 해야 한다.

독서는 창의성을 길러 주는 좋은 습관이다.

창의적인 학습 방법

· 글을 읽고 주제를 한 문장으로 정리하는 연습을 한다.
· 좋은 문학 작품을 읽고 자신만의 느낌을 몇 줄이라도 정리하는 습관을 갖는다.
· 글을 읽고 다음에 이어질 내용을 상상해 적어 보는 연습을 한다.
· 주변에서 일어나는 어떤 사건에 대해 자기 주장을 담아 3분간 말하는 연습을 한다.
· 신문이나 뉴스를 눈여겨보고 읽을거리를 찾아 친구와 토론해 본다.
· 책을 읽다가 모르는 낱말이나 표현, 속담 등이 나오면 사전에서 찾는 습관을 갖고, 자기만의 노트를 만들어 새롭게 알게 된 단어들을 적어 놓는다.
· 좋은 글, 감동적인 글을 발견했다면 차분한 마음으로 처음부터 끝까지 공책에 그대로 옮겨 써 본다.

창의성 관련 정보 사이트

✚ 창의인성교육센터 : www.crezone.net
✚ 한국창의성학회 : www.theacademyofcreativity.org

3. 꼭 필요한 정보만 찾아내는 방법은 없을까?

질문1   **내가 평소 관심 있고 궁금한 것 2가지는 무엇인가?**

관심 또는 궁금한 것	정보는 어디서 찾을까?	새로 안 것들은?
재활학과는 뭘 배우지?	커리어넷, 워크넷, 학과 관련 도서	재활 치료사의 활동 영역

TIP 관심 있고 궁금한 것이 반드시 직업, 진로 분야여야 하는 것은 아니다. 꽃, 동물, 인간, 우주 등 지구상에 존재하는 모든 것이 해당된다. 관심 있는 정보를 어디서 찾아야 할지 생각해 보자.

질문2 **좋은 정보와 나쁜 정보에 대해 생각하고 적어 보자.**

	좋은 정보란?	나쁜 정보란?
예	내 생각을 확장시켜 준다.	정보 진입 장벽이 높다.
1		
2		
3		
4		
5		

TIP 인터넷을 검색해 찾은 정보가 유용했던 경우와 유용하지 않았던 경우를 적어 보자. 좋은 정보와 나쁜 정보의 기준은 무엇인지 생각한다. 인터넷에서 검색해서 적어도 된다.

질문3 **습득한 지식과 정보를 자기 것으로 만드는 방법을 적어 보자.**

(예) 재활 치료사가 되려면 봉사 활동에 정기적으로 참여해야겠다.

TIP 배우는 이유는 실생활에 적용하기 위해서다. 관심 있는 정보를 찾았다면 실생활에서 어떻게 적용할 것인지, 아니면 어떻게 삶의 방향을 설계할 것인지 생각하고 적는다.

정보와 지식은 머리로 이해하는 것이 아니다.
행동으로 옮기고 실천해야 한다. 앤서니 로빈스

활동지 작성 후 나는?
+ 정보를 쉽게 찾는 능력을 습득한다.
+ 유용한 정보와 그렇지 않은 정보를 구별하는 능력을 갖게 됐다.
+ 정보를 탐색하는 과정 속에서 새롭게 안 사실들이 무엇인지 파악한다.

수학 선생님이 좋아서 수학 교사가 되기로 결심한 달록이. 달록이는 수학 교사가 되기 위해 어떤 준비를 해야 하는지, 정보는 어디서 찾아볼 수 있는지 탐색해 보기로 했다.

인터넷 포털 사이트 구글에서 '수학 교사'를 검색하자 커리어넷, 티스토리 등에 육백삼십구만 개가 있다고 화면에 나타난다. 이 많은 정보를 하나하나 클릭해서 살펴봐야 할까? 달록이는 어떤 정보가 정확한지 잘못됐는지 구별하기 어려웠다.

네이버에서 수학 교사가 되는 법을 검색하면 지식에 대한 답변이 가장 위에 나타난다. "중등 수학 교사 되는 법 알려주세요.", "사립 중학교 수학 교사 되는 방법 알려주세요." 등 수학 교사가 되는 방법이 궁금한 친구들이 올려 놓은 질문들을 볼 수 있다. 네이버나 구글 등 포털 사이트에서 검색하면 관련 정보들이 화면을 가득 채운다. 텔레비전을 보다가 궁금한 것이 있으면 곧바로 인터넷으로 검색해 알아보기도 한다. 우리는 암기하지 않더라도 검색만 하면 곧바로 결과들을 확인할 수 있는 시대에 살고 있다.

이번에는 다양한 진로 정보를 얻을 수 있는 커리어넷에서 수학 교사에 대한 정보를 찾아봤다. 커리어넷에서는 직업 정보뿐만 아니라 고등학교와 대학교 학과 정보, 진로 상담, 진로 심리 검사, 진로 교육 프로그램 자료 등을 얻을 수 있다. 진로 상담이나 진로 심리 검사를 하려면 무료로 회원 가입해야 하지만 나머지 자료는 회원 가입 없이도 활용할 수 있다. 직업 정보에서 수학 교사를 검색하면 직무, 관련 학과, 관련 자격증, 필요한 기술 및 지식, 일자리 미래 전망 등을 살펴볼 수 있다. 포털 사이트에서 검색하면 정보가 너무 많아서 어떤 정보부터 살펴봐야 할지 혼란스럽지만 커리어넷은 일목요연하게 정보를 제공한다.

커리어넷 정보를 자세히 살펴보자. 현재 수학 교사들의 학력을 보면 75퍼센트는 대졸이고 25퍼센트는 대학원졸이다. 가르치기, 수리력 학습 전략, 논리적 분석, 추리력이 중요한 업무 수행 능력이다. 교육 및 훈련, 수학적 지식, 철학과 신학, 국어, 상담 등의 지식도 갖춰야 한다.

한국고용정보원에서 운영하는 워크넷에서도 수학 교사 정보를 찾을 수 있다. 워크넷은 직업 정보, 학과 정보, 진로 상담, 취업 가이드, 취업 동영상 등을 제공한다. 수학 교사를 검색하면 직업 정보 찾기에서 2건, 한국 직업 전망에서 2건, 직업 사전에서 3건, 직장인 인터뷰 영상 자료에서 1건의 검색 결과가 나타난다. 세부적으로는 하는 일, 교육 자격 훈련, 임금 직업 만족도, 전망, 능력 지식 환경, 성격 흥미 가치관, 업무 활동 등의 자료를 볼 수 있다.

지금까지 수학 교사가 되는 방법 4가지를 살펴봤다. 구글, 네이버, 커리어넷, 워크넷 등에서 하는 일, 흥미, 적성, 관련 학과, 관련 자격증, 시험 정보, 미래 전망 등을 알아봤다. 구글과 네이버는 수학 교사와 관련된 정보들을 나열하고 있고, 커리어넷과 워크넷은 수학 교사가 되기 위한 준비 사항들을 일목요연하게 알려준다. 이렇게 여러 곳에서 찾은 정보를 정리하고 중고등학교 때 준비해야 할 것, 대학교에서 배워야 할 것, 대학교 졸업 후 임용 시험까지 준비해야 할 것에 대해 단기, 중기, 장기 계획을 수립하고 실행에 옮기기 위한 세부 계획도 세운다.

자료 정리가 끝났으면 정보를 분석한다. 구글, 네이버, 커리어넷, 워크넷 자료들을 비교 분석하면서 정확한지, 최신 자료인지, 믿을 만한지 분석해야 한다. 커리어넷과 워크넷 자료가 일반 포털 사이트에서 찾은 자료보다 정확하다고 볼 수 있다. 특히 포털 사이트에서 검색되는 정보는 언제 올라온 자료인지 살펴봐야 한다. 정확성, 최신성, 신뢰성이 있는 자료인지 정확히 분석한 후 수학 교사가 되기 위한 진로 로드맵을 작성해야 한다.

달록이가 수학 교사가 되는 방법을 탐색하는 것을 살펴봤다. 궁금한 정보를 유용하게 탐색하고 활용하는 단계를 4가지로 구분해 정리하면 다음과 같다.

첫째, 정보 수집 계획 단계다. 지금 내게 필요한 정보가 구체적인 정보인지 파악하고 그 정보를 어디서 찾을 수 있는지 수집 계획을 세워야 한다.

둘째, 정보 탐색 및 검토 단계다. 정보를 탐색할 때 가장 중요한 것은 현재 상황을 반영하는지, 정확한지를 판단하는 것이다. 포털 사이트는 키워드 관련 정보를 모두 보여주므로 최근 정보가 아니라면 현재 상황과 다를 수 있다. 이렇듯 항상 정확한 정보인지, 최신 정보인지를 확인해야 한다,

셋째, 정보 정리 및 활용 단계다. 검토하고 분석한 정보들을 키워드나 주제별로 정리하고 활용 방안을 마련해야 한다. 자신의 능력에 따라 정보들을 재조직해 활용할 수도 있다.

마지막으로 인터넷에 떠돌아다니는 정보들 중에 유용하고 올바른 정보를 선별하기란 쉽지 않다. 따라서 가짜 정보를 구별하는 단계를 거쳐야 한다. 콘텐츠 생산자의 수가 급격이 늘면서 잘못된 콘텐츠들이 진짜인 양 떠돌아다니고 있다. 잘못된 정보로 피해를 당하지 않으려면 가짜와 진짜 정보를 구별하는 능력, 즉 지식 정보 처리 능력을 갖춰야 한다.

우리는 남녀노소 누구나 인터넷에 정보를 제공하는 시대에 살고 있다. 블로

그, 페이스북, 인스타그램 등 소셜 네트워크에 출처를 알 수 없는 거짓 정보가 넘쳐난다. 정보를 올바르게 사용하려면 철저한 판별 작업은 물론이고, 거짓 정보를 걸러낼 수 있는 통찰력도 갖추어야 한다.

직업에 대한 정보가 넘쳐나고 있다. 요즘에는 어떤 정보가 정확한지 구별하는
것이 더 중요하다. 최신 정보인지, 정확한지, 검증된 신뢰성이 있는지, 구체적인
내용이 수록됐는지를 알 수 있어야 좋은 직업 정보라고 할 수 있다.
따라서 나쁜 정보와 좋은 정보를 구별하는 능력을 갖춰야 한다.

정보 홍수 속에서 유용한 정보를 얻는 통찰력을 길러라.

좋은 자료의 조건

- 교육 목적에 부합한다.
- 커리큘럼에 잘 맞는다.
- 배움의 효과가 크고 반드시 필요하다.
- 학생의 교육 수준에 적합하다.
- 진입 장벽이 낮고 접근성이 뛰어나다.
- 청중의 흥미와 몰입을 유발한다.
- 배우는 사람의 창의성을 자극한다.

궁금한 직업 정보를 찾아볼 수 있는 곳

+ 네이버: www.naver.com
+ 구글: www.google.com
+ 커리어넷: www.career.go.kr
+ 워크넷: www.work.go.kr
+ 고입정보포털: www.hischool.go.kr
+ 대입정보포털: www.adiga.kr

4. 인성이 중요한 이유는 무엇일까?

질문1 **친구를 사귈 때 중요하게 생각하는 것 3가지는 무엇인가?**

(예) 약속을 잘 지켜야 한다. 친구 간에 신뢰를 위해 꼭 필요하기 때문이다.

1.

2.

3.

TIP 친구를 사귀는 목적은 사람마다 다르다. 자신만의 기준은 무엇인지 적고 이유를 생각한다. 현재 자신의 친구들을 기준에 따라 분류해 본다. 어떤 친구와 오랫동안 잘 지내고 싶은지 생각한다.

질문2 **어떤 친구가 학급 회장이 되길 원하는지 자유롭게 적어 보자.**

(예) 친구들을 차별 없이 대하는 친구가 학급 회장이 돼야 한다. 왜냐하면 리더는 올바른 인성을 갖추고 있어야 하기 때문이다.

TIP 학급 회장 후보들의 공약을 들어 보고 어떤 친구를 선택할지 자유롭게 기록한다. 평소 학급 회장을 어떤 기준으로 선택했는지도 생각해 보고 자신의 선택이 만족스러웠는지 떠올려 본다.

질문3 친구와 갈등을 겪은 경험을 떠올리고 어떻게 해결했는지 적어 보자.

	친구와 갈등을 겪은 이유	해결 방법
예	매번 약속 시간에 늦어서 심하게 다퉜다.	약속 시간에 늦었을 때 어떤 감정이 들었는지 이야기하니 친구도 앞으로는 늦지 않도록 노력한다고 말했다.
1		
2		

TIP 친구들과의 갈등을 슬기롭게 해결하는 방법을 찾아본다. 갈등을 해결하기 위해 내가 생각하는 것을 일방적으로 알리는지, 아니면 친구와 대화를 통해 합리적으로 해결해 나가는지 생각해 보고 적는다.

다른 사람을 존경하는 것이 처세의 첫째 조건이다.

아미엘

활동지 작성 후 나는?

✚ 평소 친하게 지내는 친구들을 분석해 본다. 친구를 사귈 때 나름대로 기준을 가지고 친구를 사귀는지, 아니면 다양한 부류의 친구를 사귀는지 생각한다.

✚ 인생에서 가장 중요하게 생각하는 가치에 따라서 만나는 사람들이 나뉜다. 소중하게 생각하는 가치는 무엇이고, 일상생활 속에서 사람들을 만날 때 어떻게 적용하는지 알 수 있다.

✚ 친구 관계에서 스트레스 받고 갈등을 겪으며 바른 인성의 중요성을 알 수 있다.

춘추 전국 시대 철학자 노자는 《도덕경》 17장에서 4가지 유형의 리더에 대해 이야기한다.

첫 번째 리더는 사람들이 지도자가 있다는 것은 알지만, 있는지 없는지 알기 힘들 정도로 다스리는 사람이다. 공기처럼 드러나지 않게 조직 구성원을 순리대로 다스리는 리더를 의미한다. 학급에서 반장 역할을 충실하게 하면서도 어깨에 힘이 들어가지 않는 리더이다.

두 번째는 사람들이 친근하고 찬양하는 지도자다. 이런 리더는 모범을 보이고 솔선수범해서 행동한다. 유가 사상에서 말하는 덕치주의 지도자가 여기에 속한다. 반장으로서 선생님과 잘 소통하고 학급 친구들과도 원만하고 친근하게 지내는 유형이다.

세 번째는 사람들이 무서워하는 지도자다. 법과 형벌로 다스려 백성들이 꼼짝 못하고 따라오게 하는 정치 지도자이다. 진시황제나 독재 정치 지도자가 이 유형에 속한다. 만약 반장이 학급 친구들을 무시하고 비난하며 선행을 가로채고 자기 잘못을 남에게 떠넘긴다면 친구들에게 외면받을 수 있다.

네 번째는 사람들의 비웃음을 사는 지도자다. 스스로 도덕성을 상실하고 부패해서 백성에게 비웃음을 사는 리더이다. 반장이면 규칙을 잘 지키고 솔선수범해야 하는데 전혀 반장답지 않게 행동한다. 선생님이 보는 곳에서만 모범생이고 교문 밖을 나가면 규칙을 지키지 않는 아이로 변한다.

조직 사회를 이끌어나가는 데 리더의 자질, 즉 성향은 매우 중요하다. 현대 사회에서 리더는 조직 구성원이 창의성을 발휘하고 능력을 끌어올릴 수 있도록 동기 부여하고 탄탄한 팀워크를 이끌어야 한다.

무엇보다 미래 시대 리더는 겸손해야 하며, 학창 시절부터 이런 겸손을 배워야 한다. 겸손이란 무조건 자신을 낮추는 것이 아니라 자신보다 남을 더 생각하는 것이다. 겸손하지 않은 사람이 타인을 이끌고 격려하기란 불가능하다. 겸손해야만 직원들의 의견을 귀 기울여 경청하고 받아들인다.

중국 하나라의 걸왕과 상나라의 주왕은 역사 속에 폭군으로 기록되고 있다. 주어진 권력을 악용해 백성들을 괴롭히고 충신들의 간언을 귀담아듣지 않고 호화로운 생활에만 탐닉해 결국 나라를 망하게 만들었다. 리더라면 겸손해야 하고 주변 사람들의 의견을 귀담아듣는 자세가 꼭 필요하다. 그래야만 조직 안의 보이지 않는 작은 일에서도 문제점을 발견하고 구성원의 창의적인 아이디어를 발굴해 낼 수 있다.

성공한 리더들이 공통으로 지닌 특징은 도전과 개척 정신, 신용제일주의, 신념의 정신, 근검절약, 고객 만족 주의, 인간 존중 정신, 인재 중시, 창의와 혁신, 책임주의, 합리 추구, 정직과 정도 추구 등이다. 반면에 실패한 리더들이 공통으로 지닌 특징은 탐욕과 낭비, 불성실, 피해 망상, 판단력 부재, 참을성과 인내력 부족, 사업 지식 결여, 신념 결여, 도전과 개척 정신 결여 등이다.

가정에서 부모가 자녀의 거울이듯 조직에서는 리더가 부하 직원에게 거울이 돼야 한다. 딘 토즈볼드와 메리 토즈볼드가 쓴《리더십의 심리학》(가산출판사, 2007)에서는 "직원들은 자신들의 행동 방식, 심지어 사고방식까지도 리더를 판단 기준으로 삼는다. 어느 정도로 혁신적이고 얼마나 노력해야 하는지, 어느 선까지 예의를 갖춰야 하고 얼마만큼 정직해야 하는지 등을 모두 리더의 모습에 비춰 결정한다. 리더는 직원들의 인생과 성공에 큰 영향을 끼칠 수 있다."라고 한다. 리더의 행동과 습관 방식들은 그대로 직원들에게 전달되고, 직원들은 그러한 리더에게 배우면서 성장한다.

한국과학기술기획평가원에서 발표한《과학 기술 인재 정책 동향 리포트》(2020년 제1호)에는 4차 산업 혁명 시대에 맞는 새로운 리더십을 개발해야 한다고 설명하고 있다. 그렇다면 4차 산업 혁명 시대에 맞는 새로운 리더십이란 어떤 것일까?

첫째, 4차 산업 혁명 시대의 여러 변화에 맞게 조직의 비전을 탄력적으로 구성해 새로운 기회를 찾고 조직의 구성원에게 미래 모호성에 대해 충분한 설명을 해야 한다.

둘째, 산업계 리더들은 기술 활용에 필요한 통찰력을 가지고 인력이 지닌 기술을 융합해 조직을 운영해 나가야 한다.

셋째, 미래 사회에서는 조직의 범위가 점차 커지므로 여러 조직이 협업하는 문화를 만들어야 한다.

넷째, 미래 사회에는 과업의 종류와 조직이 다양한 형태로 분화된다. 따라서 리더는 기술, 직무 경험 등이 적절한 조직 분류 기준이 되도록 다양한 데이터를 활용할 줄 알아야 한다.

4차 산업 혁명 시대의 리더는 예전의 권위주의적인 태도를 버리고 조직 구성원들과 잘 소통해야 한다. 사무실에 불러 놓고 적막하게 차나 마시는 리더를 다시 만나고 싶어 하는 사람은 없다. 사람을 만나면 물고기가 물을 만난 듯 술술 말이 통하는 경우가 있는 반면, 눈앞에 장벽을 만난 듯 숨이 탁 막혀 오는 경우도 있다. 리더가 직원들을 사무실로 부를 때는 어떤 질문을 할지 미리 적어 놓거나 생각해 둬야 한다.

리더는 미래지향적인 질문을 준비해야 한다. 그리고 리더의 방은 문턱을 낮춰 언제든지 누구나 들락거리면서 다양한 분야의 이야기를 풀어 놓도록 해야 한다. 그 다양한 이야기 속에서 창의적인 아이디어가 나올 수도 있기 때문이다.

리더의 역할에 따라 회사나 학교, 국가가 성장하느냐 아니면 내리막길을 걷듯이 쇠퇴하느냐가 결정된다. 미래 사회에서 리더는 겸손해야 하고 긍정적으로 세상을 바라보고 직원들이 창의적인 아이디어를 내놓도록 동기 부여해야 한다. 또한 관리자의 방을 개방해 누구든 의견을 이야기하는 열린 조직 문화를 만들어야 한다.

이러한 미래 사회 리더로 성장하기 위해서는 가정과 학교에서의 바른 인성 교육이 뒷받침돼야 한다. 배우지 않으면 집단 생활에서 지켜야 할 규칙과 인간 관계의 기술을 알 수 없다. 바른 인성이 경쟁력인 시대이다. 성적을 올리기 위한, 명문 대학 진학을 위한 교육이 중요한 것이 아니라, 바른 인성을 갖춘 리더를 키우는 교육이 먼저 이루어져야 한다.

미래 사회 리더는 겸손하고 긍정적으로 세상을 바라봐야 한다. 도전과 개척 정신,
신용 제일 주의, 신념의 정신, 근검절약, 고객 만족 주의, 인간 존중 정신, 창의와 혁신,
책임 정신과 정직과 정도 추구 등이 성공한 리더들이 공통으로 지닌 특징이다.

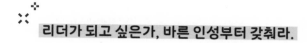

리더가 되고 싶은가, 바른 인성부터 갖춰라.

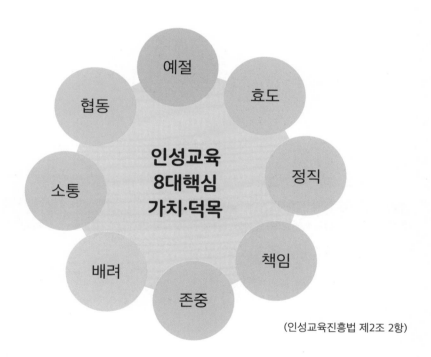

(인성교육진흥법 제2조 2항)

5. 관계와 공감과 소통은 왜 중요할까?

질문1 학교 생활에서 친구를 위해 했던 행동 중 잘한 행동을 떠올려 보자.

(예) 등교하는데 다리를 다친 친구 가방을 들어 주고 점심도 챙겨 줬다

내 행동에 친구의 반응은 어땠는가?

(예) "너 보기보다 친절한 면이 있다. 좋은데!" 라고 말했다.

TIP 자신이 학급에서 어떤 역할을 했는지 생각해 본다. 교실 청소를 솔선수범했다던가, 몸이 아픈 친구의 가방을 들어 줬다 등 학급에서 친구들을 위해 했던 착한 행동들을 떠올려 본다.

질문2 **공동체 속에서 나의 대인 관계 능력은? 'Yes' 또는 'No'에 체크한다.**

	Yes	No
친구 약점을 알아도 말하지 않는다.	Yes	No
나는 주변 사람들의 강점을 쉽게 알아볼 수 있다.	Yes	No
사람들이 나와 함께 있으면 즐거워한다.	Yes	No
나를 아는 사람들은 나와 어울리는 것을 좋아한다.	Yes	No
친한 친구일수록 사생활은 간섭하지 않는다.	Yes	No
친구가 재능을 발휘하도록 도와줄 수 있다.	Yes	No
친구에게 받기보다는 먼저 주는 편이고 받으면 갚는다.	Yes	No
어려운 점이 있어도 감사할 일을 찾고 감사하다고 말한다.	Yes	No
사람과의 관계에서 마무리는 중요하다고 생각한다.	Yes	No
친구에게 잘못했거나 실수했을 때 잘못을 인정하고 사과한다.	Yes	No

** Yes 1점, No 0점으로 계산해 총점을 기록한다.
** 8점 이상 : 대인 관계 능력이 좋다. 오랫동안 좋은 관계를 유지할 수 있다.
** 4점 ~ 7점 : 조금만 보완하면 대부분의 사람과 좋은 관계를 유지할 수 있다.
** 1점 ~ 3점 : 좋은 대인 관계를 유지하기 위해 집중적인 관심을 기울이고 노력한다.

나의 점수는?

지금까지 공동체 속에서 자신의 태도를 점검하고 수정해야 할 5가지는?	▶ 미안하다는 말을 잘 못했는데 용기를 내자.
	▶
	▶
	▶
	▶

TIP 문항을 읽고 곧바로 표시한다. 읽고 오래도록 생각하면 신뢰성이 떨어진다. 본인이 처음 느낀 생각이 맞다고 생각하고 읽고 느끼는 대로 답하자.

덕이 있는 사람은 외롭지 않고
곁에 반드시 이웃이 있다. 《논어》

활동지 작성 후 나는?

✚ 공동체 생활 속에서 나는 어떤 행동으로 사람들에게 인정받았는가 알 수 있다.

✚ 공동체 생활 속에서 상대방을 배려한다는 것이 왜 중요한지 알 수 있다.

✚ 공동체 속에서 나의 대인 관계 능력을 살펴보고 대인 관계할 때 어떤 태도를 가져야 할지 알 수 있다.

공동체는 보통 가정, 학교, 회사처럼 같은 관심사를 가진 집단을 뜻한다. 인간은 공동체에서 믿음, 자원, 기호, 필요, 위험 등 여러 요소를 공유하며, 참여자의 동질성과 결속성에 영향을 주고받는다.

공동체를 뜻하는 커뮤니티(community)는 라틴어로 같음을 뜻하는 'communitas'에서 왔으며, 이 말은 'communis', 즉 같이, 모두에게 공유되는 데서 나왔다. 공동체는 혈연이나 지연에 바탕을 둔 전통적인 닫힌 공동체와, 공동의 관심사와 목표, 이해를 가지고 구성된 근대적 열린 공동체 즉 사회나 결사체 등으로 나뉜다.

공동체는 다음과 같은 요소를 지닌다.

첫째, 학급 친구들끼리 같은 반이라는 소속감을 가지고 친구를 돕고, 모둠으로 뭉쳐서 1년간 수업 활동과 학교 행사에 계속 참여한다.

둘째, 학급에는 학급 회장, 부회장 등 임원이 있다. 학급이 1년 동안 서로 돕고 협조하는 분위기를 만들려면 임원들의 역할이 중요하다.

셋째, 학급 구성원은 다양한 의견을 표현할 수 있어야 한다. 담임 교사나 임원의 강압적인 행동은 학급을 어렵게 만든다. 학급 내에서는 의견을 자유롭게 표현할 수 있어야 한다.

넷째, 학급에서 일어나는 일을 공유하되 외부에 알려지게 해서는 안 된다. 친구의 약점이나 잘못은 보듬고 잘한 점은 칭찬하는 분위기를 만들어 가야 한다.

공동체를 이루는 요소들은 가정 교육에서부터 배워야 한다. 우리 사회는 대가족에서 핵가족으로 변화하고 이제는 1인 가정이 늘면서 공동체 정신이 약화되고 있다. 개인주의가 강하다 보니 회사나 가정에서 대립과 갈등이 발생한다. 공동체 속에서 원만한 대인 관계를 유지하려면 먼저 상대방에 대한 이해, 사소한 일에 대한 관심, 약속의 이행, 기대의 명확화, 언행일치, 진지한 사과 등이 이뤄져야 한다.

첫째, 상대방을 이해해야 한다. 다른 사람을 진정으로 이해하기 위해 노력하는 것이야말로 공동체 속에서 가장 중요한 태도이다. 따라서 나에게 사소한 일이 다른 사람에게는 중요한 일이 될 수 있다는 것을 알고 이해해야 한다.

둘째, 사소한 일에 관심을 기울여야 한다. 공동체 속에서 오해와 손해는 사소한 일에서 시작하기 때문이다. 공손하지 못하고 불친절하거나 무례한 언행을 하면 공동체에 큰 손실이 생긴다. 사람은 나이나 경험과 상관없이 상처받기 쉽고 외적으로 매우 거칠고 냉담해 보이는 사람도 내적으로는 민감한 감성을 갖고 있다는 것을 잊어서는 안 된다.

셋째, 약속 이행이 중요하다. 매우 중요한 약속을 해 놓고 어기면 서로 간의 신뢰가 깨진다. 한 번 약속을 지키지 않으면 다음 약속에 대한 불신을 초래한다. 사람들은 약속에 대한 기대가 크다. 약속을 지키는 습관을 가져야만 상대방에게 신뢰를 주고 대인 관계를 잘 유지할 수 있다.

넷째, 기대의 명확화이다. 공동체 속에서 관계가 어려워지는 이유는 대부분 역할과 목표에 대한 갈등과 애매한 기대 때문이다. 만약 새로운 상황에 직면하면 상대방이 내게 기대하는 것이 무엇인지를 파악해야 한다. 처음부터 기대를 분명히 해야 서로에 대한 신뢰가 두터워진다.

다섯째, 언행일치는 정직 그 이상의 의미를 지닌다. 정직은 사실대로 말하는 것이고, 언행일치는 말한 대로 행동해서 약속을 지키고 기대를 충족시키는 것이다.

여섯째, 진지한 사과만이 신뢰를 만든다. 그러나 사과를 반복하면 불성실한 사과로 받아들여진다. 사람들은 상대방의 실수를 기꺼이 용서하려고 한다. 그러나 의도적인 실수, 즉 나쁜 취지나 동기에서 시작했거나 처음의 실수를 덮어 버리려는 오만한 정당화 등은 쉽게 용서하려 들지 않는다.

친구나 동료끼리 대화할 때도 공감과 경청 능력이 필요하다. 수업 시간에 모둠별 활동을 시키면 자기 주장만 옳다고 떠드는 학생들이 있다. 친구들과 모둠 활동할 때 상대방을 배려하고 공감하도록 대화를 끌어내는 것도 능력이다. 공감과 경청하는 자세도 습관이 돼야 한다. 시간을 갖고 여유롭게 자신을 바라보고, 상대방과 공감하고 경청하려는 마음가짐으로 하나씩 실행해야 한다. 처음부터 완벽하게 잘하는 사람은 없다. 공감과 경청하는 자세의 중요성을 알고 자신부터 변화하려고 노력해야 한다.

공감과 경청은 상대방을 이해하는 마음으로, 인간관계에 중요한 요소이다. 상대방을 공감하고 배려하려면 자신을 소중히 여기고 '완벽한 나'라는 강박관념에서 벗어나야 한다.

공감과 올바른 경청은 인간관계에서 중요하며, 신뢰할 만한 성품을 갖춘 사람으로 성장하게 한다. 가정, 학교 그리고 사회 속에서 공감하고 경청하는 문화를 만들어 가자. 일상생활 속에서 가족이나 지인들과 공감하고 경청하는 마음가짐을 가져야 건강한 가정, 나아가 건강한 사회를 만들 수 있다.

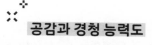

**공감과 경청 능력도
어려서부터 가정이나 학교에서 배워 나가야 한다.**

습관과 학습 방법 설계

공부하는 이유는 사람마다 다르다. 그런데 왜 공부하는지를 생각하지 않는 사람도 많다. 공부하는 이유를 곰곰이 생각해 보자. 이유를 먼저 아는 것이 중요하다.

"선생님, 저는 만화가가 될 거예요. 만화만 잘 그리면 되죠."
"공부에 관심 없고 특성화 고등학교에 진학해 기술이나 배우고 취업할래요."
"콘텐츠 크리에이터가 될 거예요. 영상만 재미있게 만들면 되죠?"

자신의 진로 목표를 명확하게 설계해서 준비하려는 학생들이 많이 있다. 그러나 정작 그 꿈을 이루려면 무엇을 공부해야 하는지는 생각하지 않는다. "나는 왜 공부를 해야 할까?"라는 질문에 스스로 답할 수 있어야 한다. 만화가가 되려면 당연히 그림을 잘 그려야 하고, 시나리오 작성 능력, 컴퓨터 활용 능력, 사물 표현 능력은 물론이고 풍부한 상상력도 갖춰야 한다. 이러한 능력은 학교에서의 학습과 다방면의 독서 활동에서 얻을 수 있다. 특성화 고등학교에 진학한다 해도 기술을 익히려면 전문 교과를 배워야 한다. 콘텐츠 크리에이터가 재미있는 영상을 만들려면 풍부한 상상력과 시나리오를 이끌어 갈 수 있는 역량을 갖춰야 한다. 학교 공부를 게을리하고도 성공한 사람은 없다. 공부가 인생의 전부는 아니지만 학생에게는 공부가 전부라는 사실을 인지해야 한다. 급변하는 미래 사회에 적응하고 행복한 삶을 만들어 가기 위해 인간은 끊임없이 학습해야 한다.

지구상에 존재하는 모든 생명체는 지금껏 자연의 법칙 즉 생존, 성장, 경쟁을 계속해 왔고 앞으로도 그리할 것이다. 초기 지구는 지금보다 환경이 열악해서 생명체가 살기 힘들었다. 먹이가 부족하고 다른 포식자가 호심탐탐 잡아먹을 기회를 노렸던 만큼 살기 아주 열악한 환경이었다.

3장

이러한 열악한 환경에서 살아남으려면 먹이를 잘 잡는 방법, 포식자가 다가오면 재빠르게 도망가는 법 등을 터득해야 했고, 이토록 치열한 생존 경쟁에 적응하지 못한 생명체들은 멸종했다. 생존 방법을 자연스레 학습하고 후손에게 전달하며 진화한 생명체만이 지금껏 생존해 오고 있다.

이처럼 생명체는 주위 환경 변화에 적응하며 익힌 생존 방법과 지식을 학습해 장기 저장하고 필요할 때 끄집어내어 활용하는 일련의 과정을 거치며 지구 상에 번성할 수 있었다. 인류의 역사를 살펴보면 학습이 생명체에게 얼마나 중요했으며, 현재를 사는 우리가 왜 공부해야 하는지 알 수 있다.

모든 학생이 공부를 왜 해야 하는지 궁금해 한다. 이유를 알지 못한 채 어른이 되는 경우도 많지만 가난을 극복하려고, 선택의 여지가 없어서, 부모의 강요 때문에, 공부를 통해 얻은 즐거움 때문에 등 다양한 이유를 가진 사람도 있다. 하지만 도대체 왜 공부를 하는지 알려고도 하지 않으며 모르는 경우도 허다하다.

그렇다면 공부를 해야 하는 이유는 무엇일까?

첫째, 아무도 가지 않는 길에 도전할 수 있기 때문이다.
공부하다 보면 이 우주에는 아직도 밝혀 내지 못한 일들이 참 많다는 사실을 알게 된다. 아무도 풀지 못한 문제 혹은 아무도 만들어 내지 못한 것을 내가 처음으로 풀고 만들어 냈다고 생각해 보자. 매우 흥분되지 않을까? 아직 아무도 가지 않은 길을 공부하면서 자신의 직업과 연관 지을 수도 있고, 공부하는 과정에서 인생의 목표를 찾을 수도 있다.

둘째, 공부는 인생을 역전시킬 수 있는 바탕이기 때문이다.

우리나라 경제가 어려웠고 누구나 가난하던 시절에는 공부가 집안을 일으키는 돌파구였다. 즉 공부를 통해 돈도 많이 벌고 상류층과 어깨를 나란히 할 수 있었다. 과거와 달리 요즘은 누구에게나 교육받을 기회가 제공된다. 학창 시절 공부는 자신에게 주어진 환경을 뛰어넘는 도구가 될 수 있다.

셋째, 공부는 의미와 깊이를 찾는 과정이기 때문이다.

의미는 인간만이 찾는 가치이다. 의미를 알면 우리 삶은 크고 작은 부분에서 달라진다. '인간의 존재', '선이란', '행복이란' 등 질문의 깊이와 의미를 깨달은 사람은 인생과 자연에 대한 진지한 자세로 타인과 깊이 있게 교류하며, 더 많은 깨달음을 얻으려 노력할 것이다.

넷째, 더 많은 사람을 '살리기' 위해 공부한다.

공부를 잘해서 집안을 살릴 수도 있지만, 나라의 중책을 맡아 수십, 수백만 명의 삶을 나아지게 만들고 생명을 건질 수도 있다. 공부를 아주 많이 한 사람만이 중요한 중책을 맡는다. 즉 공부를 잘하면 도움을 줄 수 있는 사람 수가 엄청나게 많아진다.

다섯째, 일할 기회를 얻기 위해 공부한다.

만약 여러분이 회사의 사장이라면 어떤 사람을 채용할 것인가? 긍정적이고 성실하며 자신감 있고 복잡한 문제도 척척 해결하며, 끈기 있고 사교성 있는 사람을 택할 것이다. 이런 사고방식과 능력은 타고나기도 하지만 공부하면서 길러진다.

여섯째, 우리가 누리는 많은 혜택은 공부를 많이 한 이들의 업적이다.

오늘날 우리가 누리는 현대 문명의 이기들은 모두 학자들이 발견한 원리에 바탕을 둔다. 수많은 학자가 자신의 연구 분야에서 쌓아 올린 업적 덕분에 우리 사회가 점점 편리해지는 것이다.

일곱째, 이 세상에 배우지 않아도 할 수 있는 일은 없다.

직업을 가지려면 기술이나 이론을 공부해야 한다. 원리를 듣고 이해하고 필요한 용어들을 외우고, 실제로 연습하고 응용하는 등 중고등학교 공부와 같은 학습을 한다. 일찍부터 공부하며 미리 훈련해 온 학생들은 실제 직업 활동에도 어렵지 않게 적응할 수 있다.

이 글을 읽고 여러분들은 공부해야 하는 이유를 찾았는가? 지금부터라도 가치 있고 행복한 삶을 누릴 수 있는 공부에 관심을 가져 보면 어떨까?

학창 시절 얼마나 공부에 열중했는가에 따라

진로 선택의 폭이 결정된다.

1. 성공을 부르는
좋은 습관은 어떤 것일까?

질문1 **내가 가진 습관을 점검해 보자.**

내가 가지고 있는 좋은 습관은?

(예) 주말마다 공원에서 운동하기.

좋은 습관으로 이득을 본 경우는?

(예) 시험 볼 때 늦게까지 공부해도 피곤하지 않다.

내가 가지고 있는 나쁜 습관은?

(예) 책상 위 정리 정돈이 안 된다.

나쁜 습관으로 힘들었던 경우는?

(예) 아침에 과제물을 찾지 못해 제출 날짜를 어긴 탓에 감점을 당했다.

TIP 좋은 습관과 나쁜 습관의 차이는 무엇일까. 좋은 습관은 나를 성장하게 하는 습관이고 나쁜 습관은 나를 힘들게 하는 습관이다. 생활 속에서 습관으로 이득을 본 경우나 손해를 본 경우를 떠올려 본다.

질문2 **좋은 습관을 유지하기 위한 나만의 전략을 소개한다.**

(예) 공부할 때는 스마트폰을 방에 두지 않고 부모님께 맡긴다.

1.

2.

3.

TIP 나쁜 습관은 주변 사람들을 힘들게도 하고 상처를 주기도 한다. 좋은 습관을 유지하는 자신만의 방법을 생각해서 적는다.

습관의 힘이 얼마나 강력한지는 누구나 잘 알고 있다.

찰스 다윈

활동지 작성 후 나는?

✚ 지금까지 살아오면서 습관이 된 것을 생각해 보고 좋은 습관과 나쁜 습관이 무엇이 었는지 점검한다.

✚ 우리는 나쁜 습관 때문에 종종 손해를 보곤 한다. 일상생활 속에서 습관 때문에 어려움을 겪고 이를 극복한 사례를 통해 올바른 습관을 갖는 동기를 부여받는다.

✚ 좋은 습관을 유지하려면 어떻게 노력해야 할지 스스로 생각하는 시간이다.

늦은 가을밤 오리 떼가 남쪽으로 떠날 채비를 마치고 파티를 열었다. 농장에 모여 곡식을 잔뜩 주워 배불리 먹으며 내일부터 펼쳐질 고통의 장도를 위해 에너지를 축적했다. 드디어 출발 시간이 다가왔다. 바로 그때 큰 오리 한 마리가 주저하며 말했다.

"이 곡식은 먹기가 좋으니 나는 좀 더 남아 충분히 먹고 떠나려고 해."

동료들이 떠난 뒤 맛있는 곡식을 마음껏 먹은 큰 오리는 하루만 더 하루만 더 하며 며칠을 보냈다. 드디어 세찬 겨울바람이 천지를 뒤덮고 더 이상 머물 수 없는 순간이 찾아왔다. 오리는 그제야 날개를 펴고 날아오르려 했다. 그러나 살이 너무 쪄서 날아오를 수 없었다. 맛있는 곡식의 유혹을 떨쳐 버리지 못하는 습관 탓에 남쪽 따뜻한 곳으로 날아가지 못한 것이다.

이 우화에서 알 수 있듯이 좋은 습관은 성공과 행복을 가져다주고 나쁜 습관은 실패와 불행을 가져다준다.

"천재는 1퍼센트의 영감과 99퍼센트의 노력으로 이루어진다."라는 말을 남긴 에디슨에게 어느 날 기자가 찾아왔다.

"하루에 18시간이나 연구소에서 일하면 힘들지 않나요?"

기자가 질문하자 에디슨은 이렇게 말한다.

"나는 평생 단 하루도 일이란 것을 해 본 적이 없습니다. 모두 즐거움이었죠."

일이라고 생각하면 힘들고 고단하지만 즐거움이라고 생각하면 바쁜 일상도 행복할 것이다. 이렇듯 어떤 습관과 태도를 가지고 살아가느냐가 중요하다. 긍정적인 생각과 올바른 습관은 성공을 가져다주지만 부정적인 생각과 나쁜 습관은 파멸에 이르게 한다. 그래서 습관이 무서운 것이다. 인생을 좀 더 낫게 변화시키고 싶다면 지금 즉시 자신 있고 당당하게 시작해야 한다.

성공을 부르는 좋은 습관을 기르려면 노력이 필요하다. 자신을 변화시키려는 노력 말이다. 주변은 변하는데 혼자만 옛날 모습 그대로 정체된 사람이 많다. 일어나서 먹고 마시고 일하고 졸리면 잠자는 것이 삶의 전부가 아니다. 주변 변화에 민감해야 한다. 뭇 사람들은 '내 맘대로 즐겁게 살려는데 왜 그런 노력을 해야 해?'라며 화를 낼지도 모른다.

매일매일 업무와 인간관계로 스트레스를 받으며 살아가는 사람을 떠올려보자. 병원에 가서 약을 처방받아도 스트레스를 날려 버리기 힘들다. 꽉 차 있는 머릿속에 빈 공간을 만들고 거기에 업무 외의 자신이 하고 싶은 것을 넣어야 한다.

하루 24시간 중에 자신만을 위한 1시간을 확보하고 좋은 습관을 만드는 데 쓰자. 독서든, 음악 감상이든, 그림 그리기든, 산책이든 자신만 바라보는 시간을 갖자. 이러한 습관이 일상의 스트레스를 날리고 긍정적이고 즐거운 마음으로 하루를 시작하게 한다.

확고하고 강력하게 좋은 습관을 자신의 것으로 만들어야 한다. 이러한 의지와 변화가 당신을 성공하게 만들 것이다. 아니 세상을 살아가는 데 즐거움과 행복을 가져다줄 것이다. 성공해서 행복한 것이 아니라 올바른 습관을 가지고 살아가면서 행복을 느끼며 일하다 보니 성공하는 것이다.

일상생활 속에서 나는 지금 무엇을 변화시키려고 하는가를 스스로 물어라.

성공을 가로막는 나쁜 습관들

• 아침 등교 때마다 잠이 덜 깨서 엄마와 다툰다.

• 아침 자습 시간에 졸려서 잠을 보충하는 데 시간을 허비한다.

• 수업 시간 선생님 강의를 들으며 머릿속으로는 집에 빨리 가서 게임할 생각을 한다.

• 과제는 시간이 날 때 한다.

• 준비물은 친구들한테 잠시 빌린다.

• 방학 때만 가방 정리를 한다.

• 친구가 도움을 요청하면 귀찮아서 거절한다.

• 동생이나 형과 자주 다툰다.

• 친구를 실수로 넘어지게 해 놓고도 사과할 줄 모른다.

• 친구의 단점을 떠벌리고 다닌다.

• 거짓말을 밥 먹듯이 한다.

습관의 중요성을 알려 주는 명언

• 가난과 부, 실패와 성공은 모두 습관 때문이다. - **중국 속담**

• 누구나 결점이 그리 많지는 않다. 결점이 여러 가지인 것 같지만 근원은 하나다. 한 가지 나쁜 버릇을 고치면 다른 버릇도 고쳐진다. 한 가지 나쁜 버릇은 열 가지 나쁜 버릇을 만들어 낸다는 것을 잊지 말라. - **파스칼**

• 습관은 인간의 삶에 있어 가장 지위 높은 판사와도 같다. 그러니 반드시 좋은 습관을 기르도록 노력하라. - **프랜시스 베이컨**

• 습관은 습관이라서 창문 밖으로 집어던질 수 있는 것이 아니다. 하지만 잘 구슬리면 한 번에 한 계단씩 내려가게 만들 수는 있다. - **마크 트웨인**

2. 수업 시간을 헛되이 보내지 말라!

질문1   나는 수업 중에 어떤 행동을 하는가? '그렇다' '보통' '아니다' 중 해당하는 칸에 체크하자.

질문	그렇다	보통	아니다
수업 시작종이 울리기 전에 자리에 앉아서 준비한다.			
관심 없는 과목에도 집중한다.			
군것질하지 않는다.			
친구와 잡담하지 않는다.			
수업 시간에 졸거나 엎드려 자지 않는다.			
멍하니 앉아 있지 않는다.			
스마트폰을 만지거나 다른 책을 보지 않는다.			
적극적으로 질문하고 발표한다.			
선생님 말씀에 집중하고 필기한다.			

수업 중 태도를 떠올려 보고 고쳐야 할 것과 향상시켜야 할 것을 적는다면?	(예) '아니다'가 5개 나왔다. 관심 없는 과목도 중요하기 때문에 집중하는 습관을 가져야겠다.

TIP '그렇다'가 많으면 수업 태도가 좋은 것이고 '아니다'가 많으면 수업 태도가 나쁜 것이다. 솔직하게 자신의 수업 태도를 점검해 본다.

수업 시간에 집중하기 위한 자신만의 방법 두 가지를 적어 보자.

(예) 선생님 말씀을 모두 필기하면서 듣는다.

TIP 수업 태도는 성적과 직결될 정도로 중요하다. 수업 중 집중할 수 있는 시간은 한정된다. 오래도록 수업에 집중하기 위한 자신만의 노하우를 공개해 보자. 시험 전날 여러분은 어떤 태도로 수업을 듣는가?

공부할 시간이 없다고 하는 사람은
시간이 생겨도 하지 않는다. 《논어》

"매일 듣는 수업이 지루하고 듣기 싫은데 어떻게 해야 할까?"

"수업에 집중하려면 슬슬 졸리고 선생님 목소리가 귀에 들어오질 않아."

"수업 시간에 집중해야 하는 건 아는데 어떻게 하는지 몰라."

학생들은 하루 중 가장 많은 시간을 학교에서 보낸다. 따라서 수업 시간에 선생님 말씀을 잘 듣는지 그냥 멍하니 앉아만 있는지에 따라 성적이 달라진다. 여러분은 어떤 태도로 수업에 참여하는가? 혹시 가장 많은 시간을 할애하면서도 가장 비효율적인 시간을 보내고 있지는 않은가? 수업 시간에 집중하기만 해도 다른 시간을 절약할 수 있다.

수업 태도가 좋으면 교과 내용이 머릿속에 잘 들어온다. 처음 배우는 내용은 선생님의 자세한 설명을 들어야 훨씬 잘 이해할 수 있기 때문이다. 따라서 교과 내용이 어려울수록 수업에 더 집중하고 몰입해야 한다. 만약 학교 수업에 집중하지 않으면, 시험공부할 때나 혼자 공부할 때 에너지와 시간이 서너 배 더 필요하다.

수업을 효과적으로 들으려면 수업 전 예습, 수업 시간 동안의 학습 그리고 수업 후 복습을 철저히 해야 한다.

첫째, 수업 전 예습은 꼭 필요하다. 수업 시작종이 울려야만 비로소 교실에 들어가서는 안 된다. 수업 시작 2분 전에는 자리에 앉아 수업 들을 준비를 해야 한다. 2분이라는 짧다면 짧은 시간 동안에 교과서, 노트, 필기도구를 준비하고 교과서를 꺼내서 제목과 소제목, 학습 목표 등을 살펴보며 수업에 대한 생각의 고리를 연결해 본다. 특별히 궁금한 것은 적어 두었다가 수업 중에 선생님께 질문한다.

수업 시작 전에 미리 자리에 앉아서 수업을 준비하고 예습하면 집중력이 높아지며 뇌가 수업을 받을 준비를 해야 한다고 인지하고 공부 모드에 들어간다. 쉬는 시간 10분 동안 화장실과 급한 일만 처리하고 다음 수업을 준비하는 습관을 길러야 한다.

둘째. 수업 중 태도가 중요하다. 효과적인 수업은 태도가 좌우한다. 수업 시간 중에 선생님 말씀에 최대한 귀를 기울이며 적극적으로 경청하면 주의력이 높아지며 선생님께 더욱 관심을 받는다. 많은 학생이 수업 중 질문하기를 꺼린다. 친구들의 비아냥거림이 두려워 못하기도 한다. 그러나 수업 중 모르는 것이 있으면 적극적으로 질문해야 한다. 질문을 할까 말까 망설이다가 모르는 것을 그냥 지나치는 경우가 많다. 수업 시작 전에 질문을 만들어 보고 수업 중 선생님 말씀을 듣고도 이해되지 않으면 자신 있게 질문해야 한다. 수업은 교과서 내용을 이해하고 선생님이 강조하는 부분 중 시험에 나올 내용을 파악하는 중요한 시간이다.

수업 시간에 어디에 앉는지도 중요한데, 늘 떠드는 학생이나 엎드려 자는 학생 혹은 만화나 잡지를 보는 학생 옆에 앉으면 공부하는 데 별로 도움이 되지 않는다. 열심히 적극적으로 참여하려는 의지를 가진 학생 옆으로 가서 그의 태도에 자극받아 수업에 집중하고 적극적으로 임하는 것이 좋다.

셋째, 수업 후에는 복습을 철저히 하자. 많은 학생이 수업이 끝나면 자동으로 책과 노트를 덮고 운동장이나 매점으로 달려 나간다. 그러나 밖으로 나가기 전에 배운 내용을 한번 쭉 훑어보면 수업 내용이 오래도록 머릿속에 저장된다.

심리학자인 에빙하우스는 인간은 자신이 배운 내용을 하루, 즉 24시간 안에 70% 이상을 잊어버린다고 말했다. 24시간 안에 학습한 것을 복습해야만 절반 이상을 머릿속에 저장할 수 있다는 말이다. 우리 두뇌에서는 빠른 속도로 망각이 일어난다. 따라서 수업 시간에 몰입해 완벽히 이해했더라도 다음 날 교과서를 펴면 내용이 새롭고 시험을 보면 잘 기억나지 않는다. 따라서 수업을 잘 듣고 복습을 철저히 해야 한다. 또한 수업 끝나고 20분 이내, 잠들기 전, 일주일 후, 시험 보기 전 등 배운 내용을 적어도 4회 정도 복습해야 단기 기억이 오랫동안 장기 기억으로 보관된다.

공부는 하고 싶은데 어떻게 해야 할지 모르는 학생이 많다. 공부 방법을 알려줘도 실천 의지가 약하고 주변 유혹을 뿌리치지 못하면 성적을 올리기 어렵다. 주어진 상황에서 최선을 다하는 공부를 하자. 성적을 올리고 싶으면 수업 시간에 집중하고 몰입하는 습관부터 들여야 한다. 학원이나 과외로 미리 배웠다고 해서 수업 시간에 엎드려 자거나 다른 것을 공부해서는 안 된다. 그것은 태도와 인성 문제이기도 하다.

> 수업 시간에 집중하려면 예습하고 수업 활동에 적극적으로 몰입하며 방과 후에 복습을 철저히 해야 한다. 효과적인 수업 참여 방법을 찾아서 적용해 보는 습관을 들이는 것도 중요하다.

현재 주어진 상황을 즐기고 집중해서 열심히 배워라.

수업을 내 것으로 만드는 꿀팁
- 수업을 집중해서 잘 듣는다.
- 집중이 안 되더라도 무조건 필기를 한다.
- 필기는 교과서 해당 본문 옆에 한다.
- 선생님이 강조한 내용은 중요 표시를 한다.
- 빠른 시간 내에 복습하면서 중요한 내용을 기억한다.
- 이해되지 않는 내용을 표시해 둔다.
- 모르는 것이 있으면 선생님께 질문한다.
- 다시 한 번 복습하고 자신이 이해했는지 확인한다.

3. 스스로 하는 것이 최고의 결과를 선물한다!

질문1 나의 자기 주도 학습 능력을 체크해 현재 상황을 파악하자.

	질문	Yes	No
1	공부 목표를 스스로 설정한다.		
2	머리보다 노력으로 성적은 올라간다고 생각한다.		
3	공부해서 이루고 싶은 목표가 있다.		
4	현재 학습하는 내용을 잘 설명할 수 있다.		
5	과목별로 효과적으로 공부할 수 있다.		
6	하루하루 공부할 계획이 명확하다.		
7	나만의 공부 비법을 설명할 수 있다.		
8	예습 복습이 중요하다고 생각한다.		
9	공부하다가 모르는 부분은 직접 자료를 찾아서 확인한다.		
10	공부하기 싫을 때는 나만의 해결 방법이 있다.		
11	학습과 여가 활동이 균형을 이루도록 조절한다.		
12	시험이 끝나면 오답 노트를 작성하고 분석한다.		
13	방학이 되면 학습 계획을 세우고 실천하려고 노력한다.		

14	수업 시간에는 딴짓하지 않고 집중한다.		
15	자투리 시간을 잘 활용한다.		
16	책상에 앉으면 1시간 이상 집중한다.		
17	공부 잘하는 친구들의 공부 방법을 알아본다.		
18	공부에 방해되는 요소들을 철저하게 외면할 수 있다.		
19	컴퓨터, 스마트폰 게임을 할 때 시간을 정해 놓고 지킨다.		
20	진로 목표에 맞는 공부를 하려고 계획을 세우고 실천한다.		
합계			

'Yes'가 16~20개인 경우	스스로 학습을 습관화한 사람
'Yes'가 11~15개인 경우	스스로 학습 계획을 세우고 실행하는 사람
'Yes'가 6~10개인 경우	스스로 학습 능력은 있으나 실행력이 부족한 사람
'Yes'가 1~5개인 경우	스스로 학습 능력이 부족하고 실행력도 부족한 사람

TIP 자신의 자기 주도 학습 능력이 어느 정도인지 파악하는 활동지다. 현재 상황을 파악하고 다음 주제로 넘어간다.

제 갈 길을 아는 사람에게 세상은 길을 비켜 준다.

찰스 킹슬리

활동지 작성 후 나는?
+ 평소 시간 관리를 어떻게 했는지 파악한다.
+ 스스로 학습하는 능력을 파악한다.
+ 스스로 학습 능력이 부족하다면 대비책을 마련한다.
+ 스스로 학습 능력이 우수하다면 꾸준하게 습관화하도록 노력한다.

옛말에 "부족한 재능을 근면함으로 채우는 것은 좋은 훈련이며 고생한 만큼 재능이 쌓인다."라고 했다. 꾸준한 훈련과 연습을 건너뛰는 천재는 없다. 하루 24시간은 누구에게나 공평하게 주어진다. 매일매일 꾸준하게 스스로 학습하는 습관이 들이면 한 단계 더 성장한 자신을 발견할 것이다.

학습자가 스스로 진로 목표를 설정하고 목표 달성을 위한 학습 계획을 수립해 의지를 가지고 스스로 공부하는 것, 즉 학습자가 주체가 돼 학습 과정 전체를 이끌어 가는 활동을 '스스로 학습' 또는 '자기 주도 학습'이라고 한다.

공부는 학생의 필요와 욕구에 따라 이루어지므로 학습의 주도성을 기르는 습관을 갖도록 한다. 시간과 노력을 똑같이 들여도 계획대로 스스로 학습해야만 내용을 더 오래 기억하고 더 많은 것을 배울 수 있다.

자기 주도 학습 체크 리스트를 작성해 자신의 현재 상황을 파악해 보자. 자신의 상황을 알아야 학습 계획을 세우고 실천할 수 있다. 스스로 학습 계획을 세우고 올바르게 실천하기 위해서는 다음의 다섯 단계가 필요하다.

1단계, 목표를 세운다. 목표는 구체적이며 측정할 수 있어야 한다. 애매모호한 목표는 인생에 그리 도움이 되지 않는다. 목표는 독서 20분, 영어 100문장 암기, 수학 20문제 풀기처럼 구체적이고 달성 가능하고 현실적이어야 하며, 언제까지 완성할지 기간을 명확히 기록해야 한다.

2단계, 시간 관리 계획을 세운다. 하루 24시간 중에 학교 수업 시간, 수면 시간, 식사 시간, 학원 수업 시간 등 무언가를 꼭 해야 하는 시간을 뺀 나머지 시간을 짜임새 있게 보내도록 계획을 세워야 한다. 시간을 관리할 때는 가장 긴급하고 중요한 일, 긴급하지만 덜 중요한 일, 중요하지만 긴급하지 않은 일, 긴급하지도 않고 중요하지도 않을 일 등 네 가지로 구분해 우선순위를 정한다.

3단계, 학습 방법을 점검한다. 평소 자신의 습관들을 살펴본다. 수업 시간 집중하기, 효과적으로 스스로 공부하는 시간 갖기, 수면 시간 관리하기, 노트 정리, 자투리 시간 활용, 예습과 복습 관리, 학습에 도움이 되지 않는 습관들을 살펴보고 더 능동적인 학습 방법을 선택해야 한다.

심리학자 윌리엄 글라서가 학습 방법에 따른 기억의 비율을 살펴보니, 읽기(10%), 듣기(20%), 보기(30%), 귀로 들으며 눈으로 보기(50%), 토론(70%), 직접 경험(80%), 남을 가르치기(95%) 순으로 나타났다고 한다. 이 통계 수치를 보면 어떻게 학습 계획을 수립하고 실천해야 하는지를 알 수 있다.

4단계, 학습 플래너를 활용한다. 학습 플래너를 작성하는 것도 습관이다. 작성할 때는 '월' 단위보다는 '일' 단위로 계획을 세우고 공부 계획은 '분' 단위까지 나눠서 구체적으로 세운다.

5단계, 평가 및 피드백 시간을 갖는다. 월말과 학기별로 자신이 세운 학습 계획을 잘 지켰는지 점검하고 달성하지 못한 부분은 원인을 파악해 다음 학기 학습 계획을 세울 때 반영한다.

위 다섯 단계를 완벽하게 자기 것으로 소화하는 스스로 학습자가 되면 자기 효능감이 높아지고 공부에 대한 흥미나 즐거움인 내적 동기도 커진다. 또한 자신만의 효율적인 공부 방법을 찾으면서 성적도 향상된다.

자기 주도 학습은 5단계로 적용할 수 있다. 1단계 목표를 세운다. 2단계 시간 관리 계획을 세운다. 3단계 학습 방법을 점검한다. 4단계 학습 플래너를 활용한다. 5단계 평가 및 피드백 시간을 갖는다. 자신만의 스스로 학습 방법을 찾고 자기 주도 학습 5단계를 적용해 보자.

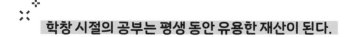

학창 시절의 공부는 평생 동안 유용한 재산이 된다.

습관의 정체를 알면 공부가 즐겁다

인간의 행동 가운데 80%는 무의식적으로 일어난다고 한다. 따라서 습관을 바꾸면 인생의 80%가 바뀌는 것이다. 공부도 습관이 될 수 있다. 공부를 습관화하면 무의식중에 공부하므로 정신적인 부담이 별로 없다. 공부만이 아니라 어떤 일이든 의식적으로 지속하기란 매우 어려운데, 이를 습관화하면 '계속할까, 말까?', '중간에 멈춰서는 안 돼'와 같은 마음속 갈등에서 자유로워진다.

뇌과학 실험 결과, 아무리 하기 싫은 일도 3일씩 10번만 계속하면 버릇이 되고 습관이 된다는 것을 입증했다. 뇌는 무언가를 달성할 때 즐거움을 느낀다. 이때 뇌는 좋은 기분을 유지하려고 도파민, 세로토닌 등 쾌감을 유발하는 신경 전달 물질을 분비한다. 이 과정을 반복하면 습관이 되며, 뇌과학에서는 이를 '강화 학습'이라고 한다. 공부해서 하나를 알면 뇌는 기분 좋은 보상을 하고, 우리는 또 다시 보상을 받으려고 공부를 하는 셈이다. 이 간단한 원리를 잘 활용하면 공부도 습관처럼 할 수 있다.

KBS 수요 기획 〈하루 10분의 기적〉(2010) 중에서

학습 계획을 세울 때 이런 점을 유의하자

- 책상에 앉아 있는 습관부터 들인다.
- 공부하는 환경에 변화를 주지 않는다.
- 쉽게 달성할 수 있는 목표를 세운다.
- 최적의 시간을 정해서 매일 공부한다.
- 휴식 시간을 정한다.
- 1시간 공부하고 10분간 휴식한다.
- 실행할 수 있는 계획표를 작성하고 실천한다.
- 새벽까지 공부하지 않는다(잠도 푹 자야 한다).

자기 주도 학습 8단계

1단계 자가 진단
2단계 목표 설정
3단계 학습 자원 확보
4단계 계획 수립
5단계 환경 조성
6단계 일관된 실행
7단계 평가와 점검
8단계 피드백 조정

4. 시간은 아주 소중한 선물이라는 것을 깨닫자!

질문1 시간을 무엇에 비유할 수 있을까?

비유 : (예) 시간은 바람이다.

이유는? : (예) 한 방향으로 흘러간 바람은 되돌아오지 않기 때문이다.

질문2 나의 하루 24시간을 점검해 보자.

시간	내가 한 일	시간	내가 한 일
1시		13시	
2시		14시	
3시		15시	
4시		16시	
5시		17시	
6시		18시	
7시		19시	
8시		20시	
9시		21시	
10시		22시	
11시		23시	
12시		24시	

나의 자투리 시간을 점검해 보자.

시간	내용	시간	내용
예) 07:30~08:00	아침 먹고 등교하기 전		
		자투리 시간 합계	(　　)시간 (　　)분

자투리 시간을 잘 활용해 보자.

자투리 시간	내용	자투리 시간	내용
예) 07:30~08:00	영어 단어 외우기		

TIP 실천할 수 있는 시간 계획을 세운다. 일주일에 평균적으로 계산해서 적는다. 자투리 시간을 점검하고 이 시간에 어떤 학습을 해야 효율적일지 고민해 본다.

우리가 쓰는 것 중 가장 값비싼 것은 시간이다.

테오프라스토스

인간에게 시간은 어떤 의미일까? 시간은 시계나 건축물처럼 눈으로 보거나 손으로 만질 수 없는 자원이다. 시간은 어떤 목적을 이루려면 반드시 필요하며 한정돼 있는 탓에 경제적 가치도 지닌다. 또한 한 번 쓰고 나면 되돌아오지 않는다.

예컨대 한 달 전부터 시험 준비를 해도 계획대로 완료하기는 힘들다. 나 역시 학창 시절 의욕적으로 시험공부 계획을 세웠지만 번번이 실패했다. 매번 계획대로 하지 못하고 실패한 이유는 무엇일까? 시간 관리를 제대로 하지 못했기 때문이다.

시간 관리 능력은 타고나는 것이 아니라 배우고 연습해야만 얻어진다. 처음 시작하기는 힘들지만 꾸준하게 배우고 연습하면 하루 24시간을 효율적으로 활용할 수 있다.

학교 수업 시간이나 잠자는 시간, 학원 가는 시간을 제외한 나머지 시간을 자투리 시간이라고 한다. 자투리 시간은 잠들기 전, 학교 등교 전, 점심시간, 쉬는 시간, 귀가 후 등에서 찾을 수 있다. 성적이 상위권인 학생들과 하위권 학생들의 차이는 이 자투리 시간을 어떻게 활용하느냐에 있다. 자투리 시간을 소중히 여기고 계획을 세워야만 제대로 시간을 관리할 수 있다.

시험 때만 밤새워 하는 공부는 시험이 끝난 후 기억에서 모두 사라진다. 밤샘 공부는 아무런 효과가 없다. 평소에 자투리 시간을 잘 활용해서 낮에 공부하고 밤에는 인간에게 필요한 시간만큼 푹 자야 한다. 하루 10분, 20분을 무시해서는 안 된다. 하루 10분이 1년이면 3,650분, 20년이면 73,000분에 이르는 어마어마한 시간이 된다. 자투리 시간을 효과적으로 활용할 줄 알아야 하는데, 반드시 공부만 할 필요는 없다. 10분에서 20분 정도 명상이나 산책, 운동으로 하루의 피로를 풀면서 계획대로 생활하는 것이 좋다.

시간 관리를 위해 많은 사람이 시간표를 작성한다. 시간표에는 두 가지 유형이 있다. 하나는 시간 중심의 시간표이고, 다른 하나는 할 일 중심의 시간표이다. 이 두 가지 중에 자신의 성향에 맞는 유형을 선택해 시간을 어떻게 운영할지 계획을 세우고 실천해 보자. 시간은 하루 단위로 보면 짧지만 10년, 20년이 모이면 상상을 초월할 만큼 많다. 따라서 한 번 사용하면 다시 오지 않는 시간을 소중히 여기고 알차게 활용하자.

성적이 상위권인 학생과 하위권인 학생, 성공한 사람과 성공하지 못한 사람의
차이는 일상생활 속에서 시간의 소중함을 알고 계획적으로 관리했느냐의 결과다.
필수적으로 해야 할 일을 하고 나서 남는 시간을 어떻게 활용할 것인가?
알차게 계획을 세워서 실천해 보자.

 자투리 시간을 잘 관리하는 사람이 성공한다.

시간 관리의 장점
- 나태하고 게을러지지 않는다.
- 부모의 공부하라는 잔소리를 듣지 않는다.
- 매일 할 일이 있으므로 미래가 불안하지 않다.
- 계획표대로 생활하므로 여가 시간이 늘어난다.
- 부정적이기보다는 긍정적으로 생활하게 된다.
- 학습 시간에 맞춰서 공부할 수 있다.
- 하루 생활에 대한 만족도가 높다.
- 벼락치기 공부를 하지 않아도 된다.

시간표를 잘 지키는 방법
- 시간 사용 우선순위를 정해서 실천한다.
- 시간표는 눈에 잘 띄는 곳에 붙이거나 가지고 다닌다.
- 전날 미리 학습 계획을 점검한다.
- 한 번에 많이 하기보다 쪼개서 지지치 않게 한다.
- 스스로 실천하는 자신감을 갖는다.
- 자신의 학습 계획을 주변에 알린다.

시간 관리에 도움이 되는 명언

• 하루하루를 마지막이라고 생각하라. 그러면 예측할 수 없는 시간은 그대에게 더 많은 시간을 줄 것이다. - **호레스**

• 시간은 우리 각자가 가진 고유의 재산이요, 유일한 재산이다. 그것을 어떻게 사용할지 결정할 수 있는 사람은 오로지 자신뿐이다. 그 재산을 남이 대신 사용하지 않도록 조심하라 - **칼 샌드버그**

• 오늘 하루를 헛되이 보냈다면 그것은 커다란 손실이다. 하루를 유익하게 보낸 사람은 하루의 보물을 파낸 것이다. 하루를 헛되이 보내면 내 몸을 헛되이 소모했다는 것을 기억해야 한다. - **헨리 프레데리크 아미엘**

• 시간이 말하는 것을 잘 들어라. 시간은 가장 현명한 법률 고문이다. - **페리클레스**

• 시간을 잘 붙잡는 사람은 모든 것을 얻을 수 있다. - **벤저민 디즈레일리**

• 삼십 분이 티끌 같은 시간이라고 말하지 말고, 그동안이라도 티끌과 같은 일을 처리하는 것이 현명하다. - **괴테**

세계적인 CEO들은 어떻게 시간 관리를 할까?

• 애플의 CEO 팀 쿡은 새벽 4시면 일어나서 이메일을 보내고 헬스장으로 나가 아침 운동을 시작한다.

• 테슬라 모터스의 CEO이자 미국의 혁신 아이콘인 일론 머스크는 주 100시간 업무를 하면서도 육아에 소홀하지 않는다.

• 빌 게이츠는 분 단위로 시간 계획을 세워 업무에 집중하는 반면, 건강한 수면과 좋은 아이디어를 위해 장기간 휴식을 취하는 데도 시간을 아끼지 않는다.

• 페이스북의 CEO 마크 저커버그는 출퇴근에 허비하는 시간을 아끼기 위해 집을 회사 근처로 옮기고 일에 집중한다.

성공한 CEO의 하루는 시간과의 전쟁이나 다름없다. 수많은 업무 보고서와 이메일을 처리하고 가장 효과적인 의사 결정을 하는 동시에 가정과 미래를 위한 아이디어를 얻기 위해 하루 24시간을 계획적이고 체계적으로 활용한다.

5. 나만의 필기 방법을 찾아볼까?

질문1 나는 노트 필기를 잘하고 있을까? 나만의 노트 방법을 점검해 보자.

	질문	Yes	No
1	노트 필기를 왜 하는지 알고 있다.		
2	노트 필기를 했는데 어떻게 활용하는지 알지 못한다.		
3	수업 날짜를 쓰고 필기를 시작한다.		
4	단원별로 체계적으로 필기한다.		
5	나중에 내용을 추가하기 위해 여백을 둔다.		
6	한 줄에 하나의 내용만 기록한다.		
7	선생님의 설명을 모두 받아 적는다.		
8	수업 시간에 떠올랐던 생각들도 적는다.		
9	수업과 관련 없는 내용은 적지 않는다.		
10	읽기 쉽도록 깔끔하게 정리한다.		
	합계		

질문2 질문 1에서 자신의 노트 필기 습관을 점검하고 스스로 평가해 보자.

(예) 10개 질문 중 1개만 해당된다. 나는 왜 필기를 하는지 잘 알지 못한다. 수업 중에 필기를 정말 안 한다는 것을 알았다. 그런 내가 실망스럽고 이제부터라도 수업 시간에 반드시 필기하는 습관을 가져야겠다.

질문3 노트 필기를 어떻게 할지 활용 방안을 적어 보자.

(예) 노트와 연필을 준비하고 선생님이 보여주는 자료를 그대로 베껴 적을 것이다. 일목요연하게 정리해 시험공부와 복습할 때 활용할 것이다.

TIP 노트 필기는 시험공부나 복습할 때 꼭 필요하다. 자기만 알아볼 수 있으면 된다. 평소 수업 시간에 노트 필기를 하는지 점검해 본다. 만약 지금까지 노트 필기를 하지 않았다면 이제부터라도 하면 된다. 앞으로 활용 방법까지 생각하면서 작성한다.

기운과 끈기는 모든 것을 이겨 낸다.

벤저민 프랭클린

활동지 작성 후 나는?

✚ 평소 학교나 학원에서 강의를 들으면서 어떤 태도로 필기하는지 검토하는 기회다.

✚ 성적과 수업 시간 필기가 연관된다는 사실을 알았다.

✚ 자신만의 필기법이 있는지 점검하는 기회였다.

✚ 복습할 때 필기한 노트가 가장 좋은 책이라는 것을 알았다.

내 학창 시절만 해도 선생님들이 배울 내용을 칠판에 가득 적어 놓고 학생들에게 필기할 시간을 줬다. 학생들은 노트를 반으로 접어서 왼쪽에는 칠판 내용을 적고, 오른쪽에는 선생님 강의를 빨간색으로 정리했다. 문제집도 제대로 없던 시절이라 교과서와 필기한 노트만 가지고 공부를 했다. 요즘은 문제집, 인터넷 강의, 학원 교재 등 공부할 때 활용할 자료가 많다 보니 노트 필기에 공을 들이는 학생이 많지 않다.

대학수학능력시험에서 만점 받은 학생들은 하나같이 사교육을 받지 않고 혼자 공부했다고 이야기한다. 상위권 성적을 유지하고 수능시험에서 만점을 받는 데 이바지한 자신만의 노트 필기법이 있는 것이다. 그렇다면 노트 필기는 왜 중요할까?

첫째, 기록을 남겨야 하기 때문이다. 회의할 때나 강의를 들을 때 기록으로 남기지 않으면 얼마 지나지 않아서 잊어버리고 만다. 심리학 연구 결과를 보면 입력된 정보를 반복해서 암기하지 않으면 대부분 기억 속에서 사라진다고 한다. 즉, 우리의 기억력으로는 수업 시간에 배운 내용을 다 기억할 수 없다. 교과서에 없거나 중요한 내용이라면 기록해 두는 것이 좋다.

둘째, 시험 볼 때 중요한 자료가 된다. 선생님이 수업 시간에 중요하다고 강조한 내용은 시험에 나올 확률이 높다. 노트에 잘 정리해 두면 시험공부하는 데 도움이 된다. 시험 기간에 공부해야 할 내용이 많을 때 중요한 내용을 적어둔 노트 필기가 있으면 시간을 절약하고 성적도 향상시킬 수 있다.

셋째, 노트 필기를 하면 수업에 집중할 수 있다. 선생님 말씀에 집중해야만 필기할 수 있고 필기하며 다시 한 번 읽다 보면 집중력과 기억력이 향상된다. 그냥 강의 내용만 듣기보다 필기하면서 들으면 오래도록 기억에 남는다.

스마트폰, 노트북 그리고 음성 자막 변환 앱이 등장하면서 노트 필기가 많이 줄어든 게 사실이다. 게다가 수업 시간에 인쇄물이나 활동지를 활용하는 경우가 많아져서 학생들이 노트에 필기할 기회가 줄어들었다. 요즘은 기업 직무 연수에서도 강의 자료를 책자로 만들어 배부하니 굳이 필기할 필요가 없다.

그러나 필기하는 습관이 인간의 뇌 발달과 암기력, 집중력 등을 향상시켜 효율적으로 기억하도록 한다는 것은 변하지 않는 사실이다. 수업 환경이 예전과 많이 다르다 해도 학생들은 선생님의 강의 내용을 들으면서 손으로는 필기하는 습관을 길러야 한다.

필기할 때 깔끔하고 예쁘게 정리해야만 하는 것은 아니다. 자신이 읽고 이해할 수 있으면 그걸로 충분하다. 배운 내용을 제대로 필기해 놓으면 시험에서 얼마든지 좋은 점수를 얻을 수 있다.

그렇다면 어떻게 해야 시험공부와 복습할 때 유용하게 노트 필기를 할 수 있을까? 방법은 간단하다. 강사나 선생님이 말하는 내용을 빠뜨리지 않고 모두 기록하는 것이다. 노트 필기할 때 중요한 것은 깨끗하게 정리하기보다 사실적인 정보를 적는 것임을 명심해야 한다.

그런데 노트 필기할 때 반드시 피해야 할 것들이 있다.

첫째, 나중에 읽어 보면 무슨 말을 적었는지 모르는 경우다.

둘째, 칠판이나 PPT 화면 내용을 그대로 베낀 경우다.

셋째, 지우개를 자주 사용하는 경우다.

넷째, 색깔 볼펜으로 표시하지 않으면 성에 차지 않는 경우다.

다섯째, 노트를 더럽히지 않고 깔끔하게 사용하는 경우다.

여섯째, 시험 때 노트를 거의 보지 않는 경우다.

노트 필기의 기능을 제대로 살리지 않으면 성적 향상을 기대하기 어렵다. 위에 제시한 6가지를 피해서 노트를 정리하고 시험공부할 때 적극 활용해야 한다.

와다 히데키는《하루 15분, 기적의 노트 공부법》(파라북스, 2006)에서 노트 필기할 때 기자의 취재 노트를 벤치마킹하라면서 수업 시간에 선생님 강의를 받아 적는 것부터 시작하라고 말한다. 기자들은 취재원의 사소한 말도 소중히 여긴다. 그래서 취재원의 말을 토씨 하나 놓치지 않고 열심히 메모하고, 취재 후 메모를 훑어보면서 의문점이나 더 파헤쳐야 할 내용을 조사해 기사를 쓴다.

그는 여러 가지 노트 필기법을 이야기했는데, 그중 낙서식 노트 필기법은 선생님의 설명에 덧붙여 자신의 느낌도 적는 것이다. '정말 모르겠어.', '용어를 찾아서 보충해야겠어.' 등 필기하며 느낀 감정들을 기록해 놓으면 어려운 용어를 다시 찾아보고 문제를 해결하기 위해 한 번 더 생각할 기회를 갖게 된다.

낙서식 노트 필기법의 중요한 포인트는 선생님이 말하는 속도를 따라가며 빠르게 작성하는 것이다. 자꾸 받아 적다 보면 특별한 노력 없이도 자연스럽게 글 쓰는 속도가 빨라진다. 나는 긴 시간 동안 강좌를 수강할 때는 강사의 말을 모두 받아 적는다. 특별히 암기해야 할 것이 아니더라도 받아 적는다. 아무것도 하지 않고 강의만 들으면 졸리고 내용도 귀에 잘 들어오지 않기 때문이다. 졸지 않고 강의에 몰입하려면 노트 필기하는 것도 좋은 방법이다. 그러면 중요한 포인트를 기억하기 쉽고 수업에 집중할 수 있으며 시험 공부할 때 쉽게 이해할 수 있다. 우리가 노트 필기하는 목적은 나중에 읽어도 쉽게 이해하기 위해서다.

코로나19가 확산되자 학교 수업이 비대면 원격 수업으로 전환됐다. 태블릿 컴퓨터로 수업을 듣다 보면 눈이 쉽게 피로해지고 집중력도 떨어지기 마련이다. 원격 수업 횟수가 늘면서 강의만 틀어 놓고 딴짓하는 경우도 많은데, 제대로 공부하려면 수업 듣는 환경을 정비하고 강의 내용을 필기하는 습관을 들여야 한다. 원격 수업을 듣기 전에 노트와 필기도구, 교과서를 준비하자. 강의 내용을 필기하다 보면 집중력도 생기고 공부하는 맛도 느낄 수 있다.

다양한 용도로 노트 필기를 활용하도록 정리해 보자. 하루 6시간의 수업 시간 동안 몰입해서 필기하면, 따로 노력하지 않아도 집중력이 나날이 향상되는 걸 느낄 것이다.

노트 필기법은 무척 다양하다. 여기서는 코넬식 노트 정리법, 마인드 맵 노트 정리법, 모눈 노트 필기법 등을 소개한다.

코넬식 노트 정리법

노트의 왼쪽 부분에 2~4cm 정도 간격을 두고 세로선을 그어 칸을 나눈 뒤 핵심 내용과 설명을 구분해 정리하는 방법이다. 복습이나 시험 공부할 때 유용하게 활용할 수 있다.

1. **기록** 수업을 들으며 중요한 정보와 생각을 기록해 읽기 쉽게 한다.
2. **축소** 수업이 끝난 뒤 최대한 빨리 중요한 키워드나 내용을 키워드 칸과 요약 칸에 적는다.
3. **암기** 수업 내용을 소리 내어 읽고, 키워드만 보고 전체 내용을 떠올리며 암기한다.
4. **숙고** 암기한 내용에 자신의 생각을 더하고, 서로 어떻게 연결되는지 머릿속에 그려 본다.
5. **복습** 필기 후 최대한 빨리 복습하고 여러 번 보면 쉽게 암기할 수 있다.

마인드 맵 노트 정리법

지도에서 길을 연결하듯이 머릿속 생각을 단어나 이미지로 표현한 뒤 연결해 나가며 정리하는 방법이다. 내용을 단계적으로 이해할 수 있어서 마지막 정리 단계에 활용하면 도움이 된다.

1. 종이를 가로로 넓게 펼치고 중앙에 핵심 주제를 적는다.
2. 주 가지를 그린 뒤 핵심 단어를 적는다.
3. 주 가지에서 나온 잔가지를 그리고 주 가지와 연결되는 내용을 적는다.

모눈종이에 필기하는 방법으로 깔끔한 필기를 원하거나 도표를 많이 그려야 하는 과목에 적합하다.

1. 모눈에 맞춰 여백을 두고, 글줄 머리와 단락을 쓸 수 있다.
2. 모눈 칸에 맞춰 글씨를 깔끔하게 쓸 수 있다.
3. 표나 그래프, 도형을 쉽게 그릴 수 있다.
4. 쉽게 도식화할 수 있다.
5. 선을 긋고 칸을 구분지을 수 있다.

우리는 평생 많은 것을 배운다. 그 많은 지식과 정보를 머릿속에만 무작정 넣기보다는 메모하고 노트에 필기해 기억 속에 오랫동안 저장해야 한다. 많이 아는 것이 힘이 아니라 아는 것을 실천해야 경쟁력이자 힘이 된다. 우리는 시험에서 좋은 성적을 얻기 위해서가 아니라 배운 것을 사회 속에서 잘 활용하면서 살아가려고 배우는 것이다.

노트 필기는 왜 중요할까? 첫째, 기록을 남겨야 하기 때문이다. 둘째, 시험 볼 때 중요한 자료가 된다. 셋째, 노트 필기하면 수업에 집중할 수 있다. 배우는 것을 오래도록 머릿속에 저장하고 보관하는 데 노트 필기 만한 게 없다. 자신만의 방법을 터득하고 매일매일 필기하는 습관을 기르면 오래 기억할 수 있을 뿐 아니라 효율적인 기억 체계를 만들 수 있다.

공부에 왕도는 없다. 노트 필기부터 시작하라.

직업관 설계

"제 꿈은 호텔리어인데, 어느 과목을 열심히 해야 하는지 궁금해요"
"제가 무얼 좋아하는지 모르겠어요. 제게 맞는 직업을 알려 주세요."

자신에게 맞는 직업, 일해 보고 싶은 직업을 선택하려면 다양한 직업 세계에 대한 정확한 정보를 알아야 한다. 제대로 파악하지 않고 직업을 선택하면 적응하지 못한 채 후회하기도 하고 얼마 못가 그만두는 등 시행착오를 겪기 때문이다. 어려서부터 관심 있는 직업 정보를 수집하고 탐색하는 습관을 지녀야 한다.

직업에 대한 관심사는 한 가지만 존재하는 것은 아니다. 좋아하는 직업이 많을 수도 있고 하나만 있을 수도 있다. 주변 사람의 이야기만 듣고 직업을 선택하는 것이 아니라 업무 내용, 근로 조건, 취업 방법, 관련 학과, 관련 자격증, 임금 수준 등 다양한 정보를 수집해 관심 분야를 점차 좁혀 가야 한다.

직업을 탐색하는 방법은 여러 가지가 있다. 책이나 영상 자료, 학교에서 배우는 과목들, 신문이나 방송 등 다양한 매체, 한국고용정보원이나 커리어넷 등 인터넷 사이트, 진로 전문가와의 상담, 학교나 산업체를 직접 방문해 정보를 얻기도 한다. 또한 강연회나 진로 박람회에 참여해 직업 정보를 탐색할 수도 있다.

이 많은 직업 탐색 방법 중에 가장 많은 직업인을 만나고 다양한 직업 정보를 얻을 수 있는 곳이 도서관이다. 도서관에는 철학, 종교, 사회과학, 언어, 순수과학, 역사, 문학, 자연과학, 예술 등 분야별 책들이 정리돼 있다. 따라서 관심 분야 직업인의 삶과, 직업을 갖기 위해 노력한 여정을 엿볼 수 있다.

여러분은 어떤 기준으로 직업을 선택했나? 사람마다 다르지만 생계를 유지할 만한 수입을 얻을 수 있고 자신의 적성과 능력에도 맞는 직업을 선택하고자 한다. 통계청이 발표한 《2020 청소년 통계》를 보면 2019년 청소년(13세-24세)이 직

업을 선택할 때 중요한 생각하는 요인은 수입(32.8%), 적성 흥미(28.1%), 안정성 (21.0) 순이었다. 이 중 수입을 중시하는 비중은 2013년 27%에서 2019년 32.8%로 증가한 것으로 나타났다. 직업은 생계와 연결되므로 수입을 가장 중요하게 생각하는 것은 어쩌면 당연한 일일 것이다.

하지만 공부하는 목적이 그저 명문 대학에 진학하고 연봉 높은 직장에 취업하기 위해서라면 곤란하다. 매년 2월 말에서 3월 초 고등학교 정문 앞이나 학원 건물에는 대학교 진학 현황 현수막이 걸린다. 이런 사회 분위기에 어린 학생들과 부모들이 휩쓸려서는 안 된다.

직업을 선택하는 기준은 사람마다 다르며 연봉, 명예, 대외 인지도, 근무 환경, 학력 전공, 안정성, 발전 가능성, 직무 확장, 성격, 기질, 흥미, 적성, 능력 발휘, 성취감, 가치관, 꿈, 비전, 사회 공헌 등으로 다양하다. 공부를 잘하면 직업 선택의 폭도 넓겠지만, 중고등학교 성적이 성공의 1순위는 아니다. 청소년들은 공부를 자신의 꿈과 미래에 대한 희망을 심는 계기로 삼아야 한다.

돈을 많이 벌고 싶어서든 꿈을 이루고 싶어서든 직업을 선택했다면 그 직업 활동 속에서 행복해야 한다. 직업을 선택할 때는 자기 삶의 가치관에 부합하는지, 발전 가능성이 있는지 살펴봐야 한다. 미래 사회 변화 속에서도 계속 존재할지를 살펴보는 것이 무엇보다 중요하다.

어떻게 공부해야 하는지, 왜 그렇게 공부해야 하는지 가정과 학교에서 많은 시간 이야기하면서 직업에 대한 건전한 가치관을 갖는 것이 중요하다. 성적이나 대학교 간판이 취업을 결정하는 것은 이제 옛일이 됐다. 자신이 하고 싶고 잘하는 일, 삶의 가치관과 일치하는 일을 하면서 살아야 한다.

1. 나의 직업 모델은 누구일까?

 질문1 주변에서 존경하는 사람은 누구인가?

(예) 존경하는 사람 : 부모님

존경하는 이유 : 직장 생활에 힘드실 텐데도 나를 위해 주말마다 여행도 다니고 항상 신경 써 주신다.

존경하는 사람:

존경하는 이유:

질문2 나의 역할 모델은 누구인가? 역할 모델에 대한 정보를 탐색해 보자.

이름		직업	
주요 경력			
역할 모델 선정 이유			

성장 과정	
직업 활동 모습	
고난, 갈등, 장벽을 극복한 이야기	
역할 모델에게서 닮고 싶은 것은?	
역할 모델을 탐색하면서 느낀 점(100글자)	

TIP 평소 존경하는 사람이 역할 모델이다. 역할 모델은 위인이나 성공한 사람 그리고 부모님이나 주변 사람들 속에서 찾을 수 있다. 위인이라면 책이나 인터넷에서 정보를 찾고, 부모님이나 주변 사람이라면 인터뷰를 요청해 질문하면서 필요한 정보를 작성한다.

다른 사람을 존경하는 것이 처세의 첫째 조건이다.

아미엘

활동지 작성 후 나는?

✦ 역할 모델이 성공한 사람이나 위인이어야만 하는 것은 아니다. 주변을 살펴보고 여러분이 살아가는 데 영향을 주고 본보기로 삼고 싶은 인물을 선정할 수 있다.

✦ 역할 모델의 성장 과정, 직업 활동, 일상생활 등을 살펴보고 어떤 부분을 닮고 싶은지 파악해 삶의 방향을 설계할 수 있다.

✦ 내가 평소 존경하는 사람이 누구인지 새롭게 인식하는 기회가 됐다.

시카고 대학교는 명문대에 진학하지 못한 아이들이 입학하는 삼류 대학교였다. 하지만 1929년 로버트 허친스가 시카고 대학교 총장으로 취임한 뒤 '시카고 플랜'을 시행하며 변화가 찾아왔다. 그는 철학 고전을 비롯한 세계의 위대한 고전 100권을 달달 외울 정도로 읽지 않은 학생은 졸업을 시키지 않았다. 철학 고전을 읽으면서 학생들의 두뇌에 변화가 생기기 시작했다.

시카고 대학교는 시카고 플랜이 시작된 1929년부터 많은 노벨상 수상자를 배출하는 명문대로 성장했다. 로버트 허친스 총장은 인문 고전 100권을 읽는 것에 그치지 않고 다음과 같은 것도 습득하도록 했다.

· 역할 모델을 발견하라.
· 인생의 방향을 제시할 수 있는 영원불변한 가치를 발견하라.

· 발견한 가치에 따라 꿈과 비전을 가슴속에 품어라.

학생들은 4년간 대학 생활 기간 동안 인문 고전 속에서 역할 모델을 발견하고 삶의 영원불변한 가치를 찾았으며 꿈과 비전을 가슴에 품으면서 역량을 개발하고 스스로 성장했다.

'모방은 제2의 창조'라는 말처럼 진로 목표를 세우는 데도 따라할 만한 본보기가 있으면 큰 도움이 된다. 성공한 직업인이나 역사적 위인 중에서 존경하고 닮고 싶은 사람을 역할 모델이라고 한다.

피겨의 여왕 김연아 선수는 어릴 때부터 미셸 콴을 닮고 싶어서 그의 경기 장면을 흉내 내는 '올림픽 놀이'를 즐겨 했다고 한다.

오바마 미국 대통령의 역할 모델은 링컨 대통령이다. 집무실에 링컨의 흉상을 세워 두고, 중대한 정치적 결단을 앞두거나 어려움에 처했을 때 "링컨 대통령이라면 어떻게 했을까?" 하고 생각하고 그와 가상으로 대화하며 문제를 해결했다고 한다.

빈센트 반 고흐는 여러 명의 선배 화가를 스승으로 여기고 그들의 작품을 모사했다. 고흐는 특히 밀레의 작품에 크게 감격해 평생에 걸쳐 그를 가장 존경하는 스승으로 삼았다. 고흐는 생전에 밀레를 만난 적이 한 번도 없다. 하지만 그의 작품을 끊임없이 모사했고 삶까지 닮고자 했다. 그를 모방하면서 자신만의 새로운 작품 세계를 창조해 냈다.

역할 모델은 어려움에 처했을 때 난관을 극복할 수 있는 지혜와 용기를 얻게 한다. 내 역할 모델은 맥아더스쿨 정은상 교장 선생님이다. 내가 교사라는 영역에서 벗어나 다양한 분야에 관심을 가지고 체계적인 독서를 할 수 있도록 이끌어 주신 분이다. 나는 일은 많이 벌리는데 끝맺음을 하지 못했다. 또한 힘들고 바쁠 때는 매주 집필하는 칼럼을 쓰고 싶지 않은 마음이 생기기도 한다. 정은상 교장 선생님을 만나면서 마무리하는 습관과 중도에 포기하지 않은 끈기를 갖기 시작했다. 현실에 안주하고 싶을 때마다 열정이 가득한 그를 떠올리며 마음을 가다듬고 맡은 역할을 성실하게 수행해 나갈 힘을 얻었다. 매일 아침 읽고 생각하고 쓰는 습관도 갖게 됐다.

역할 모델을 잘 선정하면 진로 목표 달성을 위한 의욕이 높아지고 진로 계획을 실천할 수 있는 힘을 얻는다. 역할 모델의 인품과 직업 생활, 성장 과정과 진로 선택 과정 등을 탐색하면서 진로에 대한 구체적이고 긍정적인 사고방식 등을 가질 수 있다.

역할 모델을 선정해서 어떻게 활용할까?

첫째, 자신의 꿈은 무엇인지, 어떤 사람이 되고 싶은지 생각한다.

둘째, 자신이 관심 있는 분야에서 성공한 직업인을 찾아보고 그들의 진로 선택 과정, 직업 생활 등에 대한 자료를 수집한다. 그중에서 역할 모델로 삼고 싶은 사람을 정한다.

셋째, 역할 모델로부터 본받을 점, 역할 모델과 나의 차이점을 극복하려면 어떻게 해야 하는지 찾아본다.

넷째, 역할 모델에 비추어 자신의 생애 목표를 재확인하고, 목표 달성을 위한 장단기 계획을 세워서 실천한다.

역할 모델은 역사 속 위인, 성공한 사람뿐 아니라 부모님이나 학교 선생님 그리고 선배, 친척, 주변 직업인 중에서도 찾을 수 있다. 역할 모델이 한 명일 수도 있지만, 분야가 다른 몇 사람을 종합해 역할 모델로 삼을 수도 있다.

진로 목표를 이루는 데 '내가 할 수 있을까?'라는 의문이 생기면 존경하는 인물의 인생 여정을 살펴보자. 그들의 삶에 자신을 비춰 보고 설계해 나가면 된다. 이처럼 역할 모델 한두 명은 가슴 속에 품고 그들의 여정을 살펴보는 것도 세상을 즐겁고 행복하게 살아가는 방법이다.

세상을 살다 보면 누구나 넘기 힘든 장벽을 만난다. '내가 이 위기를 넘을 수 있을까?'라고 고민할 때 평소 존경하는 역할 모델들이 위기를 극복하고 장벽을 넘는 방법을 알려줄 것이다.
역할 모델을 잘 선정하면 진로 목표 달성을 향한 의욕이 높아지고 진로 계획을 실천하는 데 도움이 된다.

역할 모델을 가슴속에 품어라. 미래의 길이 보일 것이다.

2. 직업마다 필요한 윤리가 있다!

 질문1 직업 윤리란 무엇이고 왜 중요한가? 빈 칸을 채워 보자.

(예) 나는 직업 윤리가 [운동]이라고 생각한다. 왜냐하면 [운동을 해야 몸이 건강하듯이 직업인이 갖춰야 할 윤리를 지켜야 사회가 건강] 하기 때문이다.

나는 직업 윤리가 [   ]라고 생각한다.

왜냐하면 [   ]이기 때문이다.

TIP 직업 윤리를 스스로 정의해 본다. 주변 사물들을 비교해 직업 윤리를 정의하고 왜 중요한지를 작성한다.

질문2 관심 있는 직업 2개를 쓰고 각각 직업인이 지켜야 할 직업 윤리는 무엇인지 적어 보자.

(예) 교사: 청렴, 책임감, 사명감, 바른 인성, 리더십

1.
_____

2.
_____

TIP 직업과 직업 윤리 정보는 커리어넷, 워크넷에서 찾을 수 있다. 주변 직업 중에서 2개를 선택하고 인터넷에서 직업 윤리를 검색해 적는다.

질문3 직업 윤리를 지키지 않아서 피해를 준 사례 두 가지를 적고 이때 어떤 직업 윤리가 필요했는지 적어 보자.

사례	직업 윤리
(예시) 회사의 핵심 기술을 몰래 빼돌려서 해외에 팔았다.	기밀누설 금지의무, 바른 인성, 책임감 등

TIP 직업 윤리를 지키지 않아서 피해를 본 사례들은 인터넷 뉴스 검색에서 찾아볼 수 있다. 이들에게 필요한 직업 윤리 덕목을 적어 본다. 직업 윤리 덕목은 청렴, 비밀 유지, 책임감, 바른 인성, 리더십, 사명감. 소명 의식, 직분 의식, 봉사 정신, 정직, 신뢰성, 창의성, 협동성, 전문가 의식 등이 있다.

친절은 사회를 움직이는 힘이다.

괴테

활동지 작성 후 나는?

➕ 부모님이 근무하는 직장이나 지인들의 직업 윤리는 어떤 것들이 있을지 생각해 본다.

➕ 직업인들에게 왜 지켜야 할 윤리가 필요할지 자료를 탐색해 보고 정리한다.

➕ 직업 윤리를 지키지 않아 주변 사람들에게 피해를 준 사례들이 많이 있다. 인터넷 뉴스 검색을 통해서 자료를 찾아 정리한다.

1912년 영국의 초호와 유람선 타이타닉호가 침몰할 위기에 처하자, 에드워드 존 스미스 선장은 승무원들에게 어린이와 여성을 먼저 구출하도록 지시하고 마지막까지 키를 놓지 않은 채 배와 운명을 같이 했다. 스미스 선장이 사람들을 향해 외친 말은 "Be British(영국인답게 행동하라)!"였다.

선장과 승무원들은 힘이 약한 어린이와 여성들을 먼저 구명보트에 태웠다. 그 결과 타이타닉호 침몰 시 어린이와 여성을 구조한 비율은 78퍼센트로 남성의 20퍼센트보다 훨씬 높았다. 스미스 선장은 목숨을 잃는 순간까지 책임을 다해 명성, 신분, 직위에 걸맞은 행동을 해야 한다는 노블레스 오블리주의 도덕적 책임과 직업 윤리를 실천한 것이다.

중국 남송 시대 성리학자 육구연(1139~1193)은 《상산록》에서 청렴의 세 등

급을 말한다.

최상은 봉급 외에는 아무것도 먹지 않고 먹고 남은 것 또한 가져가지 않으며 벼슬을 그만두면 한 필의 말로 조촐하게 집에 돌아가는 것이니, 이것이 아주 옛날의 청렴한 관리이다.

그다음은 봉급 외에 명분이 바른 것은 먹고 바르지 않은 것은 먹지 않으며 먹고 남은 것은 집으로 보내는 것이니, 이것이 조금 옛날의 청렴한 관리이다.

최하는 무릇 이미 규례가 된 것이라면 비록 명분이 바르지 않더라도 먹지만, 규례가 되지 않은 것은 죄를 먼저 짓지 않으며, 향임 자리를 팔지 않으며, 재해를 입은 논밭에 감해 주는 세금을 훔쳐 먹거나 곡식을 가지고 농간을 부리지 않으며, 송사와 옥사를 팔아먹지 않으며 조세를 더 부과해 나머지를 착복하지 않는 것이니, 이것이 오늘날의 청렴한 관리이다.

오늘날은 나쁜 짓하는 관리가 많다. 최상이 가장 좋지만, 그렇게 할 수 없다면 그다음을 해도 좋다. 이른바 최하는 옛날 같으면 반드시 끓는 물에 삶아 죽이는 형벌에 처했을 것이다. 선을 좋아하고 악을 부끄럽게 여기는 사람이라면 결코 그리 하지는 않을 것이다.

타이타닉호 선장과 성리학자 육구연의 청렴에 관한 이야기는 직업인이 갖춰야 할 덕목을 잘 보여준다. 직업 윤리는 사회가 개인의 자질이나 능력과 상관없이 모든 직업인에게 요구하는 도덕적인 행동 규범이나 마음가짐이다.

직업 윤리에는 5가지 기본 원칙이 있는데 객관성의 원칙, 고객 중심의 원칙,

전문성의 원칙, 정직과 신용의 원칙, 공정 경쟁의 원칙이다.

첫째, 객관성의 원칙은 업무를 처리할 때 공과 사를 명확히 구분해서 모든 일을 투명하게 처리하는 것이다.

둘째, 고객 중심의 원칙은 고객에 대한 봉사를 최우선으로 삼고 현장 중심, 실천 중심으로 일하는 것이다.

셋째, 전문성의 원칙은 자신의 업무에 대해 전문가로서 지녀야 할 능력과 마음가짐을 가지고 책임을 다하며 전문성을 키우는 것이다.

넷째, 정직과 신용의 원칙은 업무에 관해서라면 모든 것을 정직하게 수행하고 자신이 해야 할 일과 하기로 한 약속을 지켜 신뢰를 유지하는 것이다.

다섯째, 공정 경쟁의 원칙은 공동체의 약속을 준수하고 공정하게 행동하는 것이다.

직업에 대한 긍정적이면서 윤리적인 태도는 직업 생활과 사회조직 내 공동 생활에 영향을 끼친다. 우리는 여러 매체를 통해 직업 윤리를 실천하며 자신의 분야에서 최선을 다하는 직업인을 만날 수 있다.

코로나19 확산을 방지하고 환자를 치료하는 의료진과 공무원이나, 고액의 현금을 인출하는 고객을 보이스피싱 사기 피해의 위기에서 구한 은행원 등은 우리에게 희망과 용기를 준다. 그러나 다른 사람을 인정하지 못하고 자신과 생각이 다르다는 이유로 핍박하고 갑질을 하는 사람들의 이야기는 국민을 분노하게 한다.

코로나19 팬데믹 시대에 많은 사람이 하루하루 불안과 고통 속에서 살고 있다. 이 위기를 잘 극복하려면 매스컴뿐 아니라 우리 주변에서 따스하고 온정

넘치는 소식이 흘러넘치고, 다양성이 존중받는 사회로 발전해야 한다.

> 직업 윤리는 사회가 개인의 자질이나 능력과 상관없이 모든 직업인에게 요구하는 도덕적인 행동 규범이나 마음가짐이다. 건전한 직업 윤리를 갖춘 사람은 사회에서 자신이 중요한 역할을 하고 있다고 생각하며 건강한 사회를 만들어야 한다는 책임감을 갖고 성실하게 일한다. 각각의 직업에 요구되는 도덕적 덕목을 잘 실천하려고 노력할 때 우리 사회는 더욱 살기 좋아질 것이다.

직업 윤리 의식이 강해야 사회가 건강해진다.

직업 윤리 덕목에는 무엇이 있을까?
소명 의식, 천직 의식, 직분 의식, 책임 의식, 전문가 의식, 봉사 정신, 청렴성, 신뢰성, 정직함, 협동성

3. 창직과 창업에 도전해 볼까?

질문1 **'창직'과 '창업'은 무슨 뜻일까?**

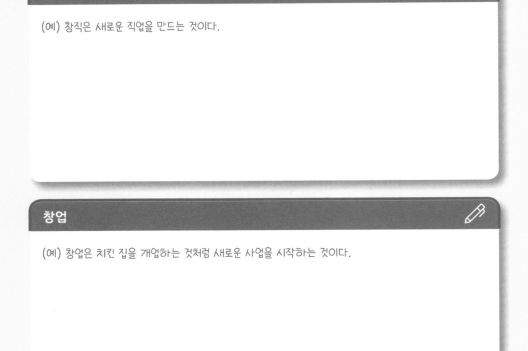

창직

(예) 창직은 새로운 직업을 만드는 것이다.

창업

(예) 창업은 치킨 집을 개업하는 것처럼 새로운 사업을 시작하는 것이다.

TIP '창직', '창업' 하면 떠오르는 생각을 적는다. 인터넷에 검색하면 두 용어를 알기 쉽게 설명하고 있다. '창직'과 '창업'의 의미를 요약해서 정리해도 된다.

창직을 한다면 어떤 아이템으로 할 것인가?

새로운 분야의 일 ✏️

(예) 인간을 대체하는 아바타 홀로그램을 개발한다.

내가 만든 직업 이름 ✏️

(예) 홀로그램 개발 디자이너

하는 일 ✏️

(예) 실제 공연 모습처럼 홀로그램으로 영상을 제작한다.

직업 적성 ✏️

(예) 손재주, 공간 지각력, 코딩 능력 등

TIP 일상 속에서 불편한 것이나 변화하길 바라는 것을 찾아서 새로운 직업을 만들어 본다. 인터넷에서 자신의 관심 분야를 탐색하고 커리어넷과 워크넷에서 직업 정보를 살펴본다.

돈에 맞춰 일하면 직업이고
돈을 넘어 일하면 소명이다. 김구

《대가들의 책 쓰기》(한국경제신문사, 2016)라는 책을 쓴 김종춘 작가는 "책은 어차피 완벽하지 않다. 미완의 사람이 미완의 내용으로 미완의 때에 써내는 것이 책이다. 그러니까 당신도 쓸 수 있다. 책을 쓰면 비판자들이 생긴다. 그들은 계속 비판하며 비판자로 남을 것이고 당신은 계속 쓰며 다작의 저술가로 남을 것이다. 피터 드러커는 글쓰기에 집중했던 60세 이후 30년이 자신의 전성기였노라고 밝혔었다. 글을 쓰는 한, 언제나 전성기다. 글쓰기에 은퇴는 없다. 초년에도, 노년에도 쓸 수 있다. 글쓰기는 평생 현역이게 한다. 죽음만 멈추게 한다."라며 글쓰기가 창업이라고 말한다.

퇴직이 얼마 남지 않은 지인이 30여 년 넘는 근무 경험을 글로 남기고 싶은데 어떻게 시작해야 할지 막막하다며 고민을 토로했다. 나는 하루 중에 혼자만의 시간을 만들어서 삶의 여정을 회상하고 생각나는 대로 일단 써 보라고 권했다. 시작이 반이라는 말도 있듯이 일단 끼적끼적 써 내려가야 한다. 글을 쓰다 보면 깊이 숨어 있던 기억들이 새록새록 떠오른다. 그 떠오르는 기억들을 글로 표현해 나가면 책을 완성할 수 있다. 이때는 자신의 경험이 타인에게 긍정적인 영향을 미치는 콘텐츠가 될 수 있다고 생각해야 한다.

인공 지능 로봇이 인간의 직업들을 대체하고 있으며 기자 로봇, 작가 로봇도 등장한다고 한다. 그러나 인간만이 가진 창의력은 인공 지능 로봇이 따라올 수 없는 영역이다. 어려서부터 독서와 글쓰기 교육으로 꾸준하게 창의력을 키워야 하는 이유이다.

창직의 기본은 글쓰기와 생각하는 능력이다. 따라서 꾸준히 독서하며 생각하는 능력을 향상시켜 나가야 한다. 4차 산업 혁명 시대에는 창의력을 갖춘 인재가 필요하다. 창직을 하기 위해서는 읽고 쓰고 생각해서 발표하는 능력과 일상생활 속에서 호기심을 가지고 탐구하는 자세를 갖춰야 한다.

창직 활동에는 4가지 원리가 있는데 창조, 발견, 세분화, 융합이다.

창직의 첫 번째 원리인 창조(Creation)는 새로운 직업을 발굴해 신직업이나 신직무를 만드는 것이다. 기존에 존재하지 않았던 신직업들이 시대의 변화나 흐름, 법 · 제도 변화, 기술 발전 등으로 말미암아 새롭게 '창조'된 경우라고 할 수 있다. 예를 들어 컴퓨터와 인터넷 게임이 등장하면서 프로 게이머라는 직업이 생겨났다.

창직의 두 번째 원리인 발견(Discovery)은 해외의 직업을 발견하거나 직업을 도입해 신직업이나 신직무를 만드는 것이다. 해외에서 이미 정착해 있거나 이제 막 생겨난 신직업을 '발견'하고 국내에 도입해 직업화하는 경우가 여기에 속한다. 유럽에서 생겨난 직업인 쇼콜라티에가 국내에 들어와 새로운 직업이 된 것이 하나의 사례이다.

창직의 세 번째 원리인 세분화(Subdivision)는 기존 직업이나 직무에서 전문화 및 재구조화한 신직업이나 신직무를 만드는 것이다. 새로운 수요가 생기면서 기존 직업에서 '세분화'한 신직업이 나타난 경우인데, 사진사라는 직업이 세분화해 반려동물 사진사가 등장한 것이 하나의 사례이다.

창직의 네 번째 원리인 융합(Fusion)은 기존 직업(직무)과 타 직업(직무)이 결합해 신직업이나 신직무를 만드는 것이다. 이종 직업이나 이종 직무가 '융합'해 신직업이 생겨난 경우로, 음악과 치료 분야가 결합해 음악 치료사라는 직업이 생긴 것이 하나의 사례이다.

창직하는 데 정해진 방법은 없다. 그러나 창직에 성공하려면 먼저 자신이 잘할 수 있고 흥미를 느끼는 분야가 무엇인지 즉, 나의 특성을 이해하는 것이 중요하다. 또한 창직하려는 직업이 기존 직업과 차별화될 정도로 참신한지, 시장에서 경쟁력과 잠재적 수요가 충분한지, 실현 가능한지, 전문성이 있는지 등을 파악해 직업다운 가치와 전망을 지녔는지 판단해야 한다. 따라서 창직을 준비한다면 창직에 성공한 사람의 사례들을 보며 아이디어를 도출하고 구체화하는 과정에서 어떻게 어려움을 극복해 나갔는지 분석하고 연구해야 한다.

창업은 제품을 생산하거나 서비스를 제공할 목적으로 새로운 기업을 설립해 사업을 시작하는 것을 의미한다. 창업하려면 좋은 창업 아이템, 기업 운영에 필요한 창업 자본, 경영 능력을 갖춘 창업자가 있어야 하며, 이를 창업의 삼대 요소라고 한다.

창업자는 작은 일에도 최선을 다하는 프로 정신, 철저한 장인 정신과 주인의식을 기본적으로 갖추고 있어야 한다. 아울러 소비자들의 욕구와 시장 상황 등을 필히 분석해야 한다. 특히 창업 분야와 관련된 고객의 특성, 경쟁사, 시장 동향 등에 대한 정보를 수집하고 분석하는 것이야말로 창업을 성공으로 이끄는 중요한 요소이다.

창업이 왜 중요할까? 창업자는 경제적 이익을 얻기 위해 자신의 능력을 발휘해 국가 경제와 사회에 영향을 주기 때문이다. 성공적인 창업은 참신하고 다양한 제품을 만들어 판매함으로써 시장에 활력을 불어넣고 새로운 일자리를 창출해 실업 문제를 해결하는 역할도 한다.

창업은 취업만큼이나 많은 준비와 노력이 필요하다. 창업에 성공하려면 창업 준비, 아이템 선정, 창업 계획, 자금 마련 등 일련의 과정을 효율적으로 관리하고 진행해야 한다. 그럼 창업 과정을 살펴볼까?

첫 번째로 창업 구상 단계다.

창업 구상 단계에서는 창업자 분석, 사업 아이템 탐색, 특허 검색 및 특허 노트 작성, 소비자 및 시장성 검토가 이루어진다. 창업자 분석은 강점, 약점, 투자

능력, 사업 수행 능력을 분석하는 것이다. 사업 아이템 탐색은 기존 제품을 탐색해 신제품을 구상하고 소비자의 욕구를 파악하는 것이다. 특허 검색 및 특허 노트 작성은 사업하고자 하는 제품 관련 특허를 검색해 법적 문제가 생길 위험은 없는지 검토하고 필요하면 특허를 출원하는 것이다. 소비자 및 시장 검토는 제품을 구매할 소비자의 특성을 파악하고 시장의 미래를 분석하는 것을 말한다.

두 번째는 창업 계획 단계다.

창업 계획 단계에서는 창업 아이템 구상, 창업 타당성 분석, 창업 계획서 작성이 이루어진다. 창업 아이템 구상은 창업하고자 하는 아이템의 정보를 수집하고 3~5개 중에서 가장 유용한 창업 아이템을 선정하는 것을 말한다. 창업 타당성 분석은 기초 자료를 조사하고 창업 수행 능력, 시장성, 기술성, 수익성, 경제성, 성장성 등을 분석하는 것이다. 창업 계획서 작성에서는 창업 목적과 방향을 정하고 조직 및 인력 계획, 제품 및 생산 계획, 마케팅 전략, 자금 조달 및 운용 계획을 세워야 한다.

세 번째는 창업 실행 단계다.

창업 실행 단계에서는 회사 설립, 사업장 설치, 조직 및 인력 확보, 경영 관리가 이루어진다. 회사 설립 단계에서는 법인 설립, 사업 인허가, 사업자 등록 등을 마쳐야 한다. 사업장을 설치할 때는 입지 선정, 사업장 설립 및 승인, 사업장 건축 및 제조 시설 설치, 사업장 등록 등의 절차가 필요하다. 조직 및 인력 확보는 조직 구성, 직원 채용, 직원 교육 등이 이루어진다. 경영 관리는 경영 시스템 구축, 재무 관리, 생산 및 기술 관리, 마케팅 관리, 인사 관리 등을 뜻한다.

지금까지 창직과 창업에 대해 살펴봤다. 창직과 창업에서 중요한 것은 아이템 개발과 자신에게 적합한 업종인지를 판단하는 것이다. 누구를 위한 상품이고 누구를 대상으로 판매할 것인가를 결정해야 한다. 시장 조사, 특히 소비자 조사를 통해 소비자 수요의 동향을 파악하고 이를 충족시킬 수 있는 제품이나 서비스를 선택한다.

목표를 세워서 실행하는 것과 아무런 준비 없이 실행하는 것은 엄청난 차이가 있다. 배가 고프다고 익지도 않은 쌀을 그대로 먹을 수는 없다. 돌도 골라내고 잘 씻어서 밥이 될 때까지 기다렸다가 먹어야 밥맛을 제대로 느낄 수 있듯이, 창직과 창업을 하려면 체계적인 계획을 세워서 자신의 능력을 키워나가야 한다.

창직과 창업 활동은 사회적으로 일자리를 만들어 실업 문제를 해결하고, 개인 입장에서는 원하는 직장에서 근무하면서 삶의 질을 향상시킬 수 있으며, 최첨단 기술을 주로 활용해 과학 기술의 발달을 촉진시킨다. 하지만 아이디어만 좋다고해서 창직과 창업에 성공하는 것은 아니다. 현실적인 가능성과 자신의 능력을 고려해 계획을 체계적으로 세워 추진해야만 성공할 수 있다.

창직 창업이 자유로운 세상을 만들어 가자.

창직, 창업 관련 정보 사이트

✚ 한국창직협회 : http://jobcreation.or.kr

✚ 워크넷 : www.work.go.kr

✚ 창업지원센터 : www.k-startup.go.kr

창직 7계명

- 돈보다 가치가 우선이다.
- 조급해 하지 말라.
- 독서와 글쓰기는 기본이다.
- 따라하지 말라.
- 스마트 도구로 무장하라.
- 소셜 네트워크를 넓혀라.
- 시작이 반, 나머지는 의심을 버려라.

– 정은상(맥아더스쿨 교장, 창직 전문가)

청소년 창업 시뮬레이션 프로그램에서 나온 창업 아이디어 사례

- 집 먼지 진드기와 세균을 살균하는 클린 바
- 웹 사이트 번역을 통한 우리말 알리기
- 종이 공예를 이용한 생활 용품 제작
- 무대 제작, 전시실 및 실내 인테리어
- 재활용 제품을 활용한 액세서리 제작
- 인터넷 헌책방
- 모바일 게임 콘텐츠 제작
- 수공예품 생산 및 판매
- 이동 통신 단말기 간 상호 식별 번호 자동 인식 시스템 개발
- 컴퓨터 소모품 및 컴퓨터 튜닝
- 핸드 페인팅
- 액세서리 디자인
- 행사 촬영 및 편집
- 프레스 플라워를 이용한 생활 용품, 액세서리, 제품 용기 디자인
- 인터넷 홈페이지 제작 및 웹 템플릿 파일 제작 판매
- 인형 옷 및 인형 소품 제작 판매
- 유기 농산물 및 축산물 판매
- 칵테일 제조 판매

4. 미래에도 존재할 직업은 따로 있다!

질문1 인류가 시작된 뒤 지금껏 살아남은 직업과 그 이유는 무엇일까?

직업명, 살아남은 이유

(예) 요리사 : 내가 만든 요리만 먹고 살 수 있는 사람은 없으므로 요리사는 인류의 시작과 역사를 같이했다.

TIP 수명이 긴 직업도 있고 짧은 직업도 있다. 선사 시대부터 지금까지 이름은 바뀌었지만 유형은 같은 직업을 찾아본다. 직업이 사라지거나 생존하는 데는 나름대로 이유가 있다. 따라서 사라진 이유를 알아야 미래를 준비할 수 있다.

질문2 현재 존재하는 직업 중에서 20년 후 사라질 직업과 그 이유를 적어 보자.

직업명, 사라질 이유

(예) 버스 운전사 : 인공 지능과 자율 주행차 등장으로 운전사 없는 버스 등장.

TIP 현재의 직업 중에 로봇, 드론 등의 과학 기술 발달로 사라질 직업을 찾아본다. 커리어넷, 워크넷에서 직업 정보를 탐색한다.

질문3 **과학 기술 발전으로 새롭게 등장할 직업은?**

(예)드론
택시 운전사

TIP 커리어넷과 워크넷에서 미래에 등장할 직업들의 정보를 찾고, 미래에 어떤 직업이 새롭게 등
장할지 상상해서 적어 본다.

질문4 **변화하는 직업 세계에 적응하기 위해 현재 준비해야 할 것은?**

(예) 컴퓨터 활용
능력을 배운다.

TIP 10년 후, 20년 후 하고 싶은 일을 하려면 학창 시절인 지금 무엇을 준비해야 할까? 생각하거
나 인터넷 정보를 찾아서 적어 본다.

자신이 하는 일을 재미없어 하는 사람 치고
성공한 사람을 보지 못했다. 데일 카네기

코로나19는 기업과 학교에서 업무 수행 방식을 완전히 바꿔놓았다. 재택근무가 늘면서 평소 보이지 않았던 개개인의 업무 역량들이 드러나기 시작했다. 업무 실적이 좋은 사람은 계속 근무할 수 있지만 업무 실적이 나쁜 사람은 코로나 팬데믹이 진정되고 사무실 업무로 돌아왔을 때 책상이 없을 수도 있다. 학교에서도 온라인 수업에 최적화된 능력을 보여주는 교사가 있는 반면, 변화에 적응하지 못하고 EBS 교육 자료나 유튜브 영상만 활용하는 교사도 있다. 오래 전부터 미래학자들은 인공 지능 기반의 '교사 없는 교육 시스템'이 신속하게 부상할 것이라 예측했었는데, 코로나19로 그 시기가 앞당겨지고 있다.

사무실 없는 기업이 등장하고 교사 없는 교육 시스템으로 변하면서 많은 사람이 직장을 잃을지도 모른다. 변화에 제대로 적응하지 못해 일자리를 잃은 사람들에게 필요한 것은 재교육 시스템이다. 전문성과 업무 역량을 키우기 위한 개인의 노력도 중요하지만, 정부도 실업자를 위한 재교육 시스템을 잘 구축해 운영해야 한다.

미래학자 토머스 프레이는 "2030년까지 전 세계에서 20억 개의 일자리가 사라질 것"이라고 예측했다. 그렇다면 과연 미래 사회에서의 직업은 어떻게 변화할까? 미래에는 글로벌 기업 근무나 해외 근무, 취업을 위한 이민 등의 기회가 많아지고 다양한 문화가 조화롭게 어우러지는 글로벌 직장 문화가 만들어질 것이다. 또한 고령 인구 증가로 바이오 에너지, 뇌과학 등 첨단 생명 공학 분야가 성장할 것이다. 인공 지능, 3D 프린팅, 로봇, 바이오 기술 등이 산업과 직업 세계에 많은 영향을 줄 것이다. 인공 지능과 로봇이 현재의 일자리를 대신하고 기후 변화와 환경 오염, 에너지 고갈 문제 등도 직업 세계의 대변동을 불러올 것이다.

평생 직업인이 되려면 인공 지능이나 로봇 기술이 대체하기 어려운 분야를 살펴봐야 한다. 영국 옥스퍼드 대학의 칼 베네딕트 프레이와 마이클 오스본 교수는 인공 지능과 미래 기술이 대체할 수 없다고 판단한 일의 특징은 지각 및 조작 기능, 사회적 기능, 창의적 기능이라고 밝혔다. 지각 및 조작 기능은 손이나 손가락을 이용해 복잡한 부품을 조립하거나 정교한 작업을 하는 분야이고 비좁은 공간에서 할 수 있는 일을 말한다. 사회적 기능은 타인의 반응을 파악하고 왜 그렇게 행동하는지 이해하는 능력과 사람들과의 의견 차이를 좁혀 합의점을 찾고 설득할 줄 아는 능력이다. 창의적 지능은 다른 사람을 돕기 위해 적극적으로 노력하며 주어진 주제나 상황에서 독특하고 기발한 아이디어를 산출하는 능력이다. 특히 예술 분야는 미래 사회에서 인공 지능과 로봇 기술이 대체하기 어려울 것으로 예측하고 있다.

인공 지능 로봇과 사물 인터넷, 3D 프린팅, 자율 주행차 등이 주도하는 미래 사회에서 평생 직업인으로 살아가려면 공감 능력, 창의성, 사회적 민감성, 스토리텔링, 재치 있는 말과 행동, 타인과 관계 맺는 능력, 다른 사람을 이끄는 지도력 등이 필요하다.

미래에 어떤 직업이 유망할지 현재로서는 알 길이 없다. 하지만 예측은 가능하다. 코로나19 확산으로 재택근무가 늘어난 만큼, 디지털 기술을 활용해 언제 어디서든 유연하게 일할 수 있는 능력을 키워 가는 것이 중요하다. 미래는 불안한 사회가 아니라 위험과 기회가 공존하는 사회이다. 자신의 태도와 재능에 따라 불안한 사회로 진입할 것인지 기회의 땅으로 진입할 것인지가 결정될 것이다.

미래 직업 세계의 변화를 알아보는 방법은 다양하다. 고용노동부와 한국고용정보원이 2년마다 발간하는 《한국 직업 전망》, 박영숙과 제롬 글렌이 공저한 《일자리 혁명 2030》, 내가 공저자로 참여한 《유망직업 미래지도》 등의 도서를 참고해 미래를 예측할 수 있다. 또한 커리어넷, 워크넷 등에서 정보를 탐색할 수도 있다.

미래 사회 평생 직업인으로 살아가려면 미래 직업을 탐색하고 진로 목표에 부합하는 인재가 되기 위해 부단히 노력해야 한다. 미래 사회의 유망 직업은 스스로 만드는 것이다. 따라서 미래 사회의 주인공이 되겠다는 커다란 야망을 품어야 한다. 미래를 긍정적으로 바라보느냐 부정적으로 바라보느냐에 따라 미래 직업이 결정된다. 긍정적인 마음으로 평생 직업인으로 살아가기 위한 장기적인 계획을 세워 나가자.

나만의 유망 직업은 어디서 찾아야 할까? 인류 역사상 많은 직업이 사라지고 새로 생겨났지만, 의식주와 연결된 직업들은 오랫동안 존재해 왔다. 평생 동안 살면서 이루고 싶은 버킷 리스트를 작성하고 그것들을 이뤄 가다 보면 자신의 직업이 만들어진다. 자신만이 할 수 있는 직업을 만들기 위해서는 평생 학습을 해야 한다.

평생 직장인이 아니라 평생 직업인이 되기 위한 공부를 하라.

미래 직업 정보는 어디서 찾아볼 수 있을까?
+ 한국고용정보원: www.keis.or.kr
+ 워크넷: www.work.go.kr
+ 커리어넷: www.career.go.kr

자아 설계

　삶의 모습은 사람마다 다르며 어떤 진로를 선택했느냐에 따라 달라질 수 있다. 나이 먹어서도 후회하지 않는 삶을 살려면 청소년 시절부터 진로 발달 단계별로 자신의 적성, 소질, 능력, 가치관 등을 파악하고 진로를 설계해야 한다.

　진로 발달 단계를 살펴보면 성장기(출생~14세)는 부모의 보살핌을 받으며 자아를 발견하는 시기이다. 탐색기(15~24세)는 학교 생활, 여가 활동 등을 하며 자신의 특성을 알고 여러 가지 경험을 하며 진로를 탐색하는 시기이다. 확립기(25~44세)는 나이에 맞는 직업을 찾고 생활 기반을 안정시키기 위해 노력하는 시기이다. 유지기(45~65세)는 안정된 직업 생활을 하며 지위가 확고해지고 현재의 삶을 유지하기 위해 노력하는 시기이다. 쇠퇴기(65세 이후)는 정신적, 신체적으로 힘이 약해져 직업 세계에서 은퇴하고 새로운 진로를 준비하며 인생 2막을 살아가는 시기이다.

　"꿈이 있으세요?"하고 학부모들이나 주변 지인들에게 질문을 던지면 다음과 같은 답이 돌아온다.
　"글쎄요, 아주 옛날에 꿈이 있었던 것 같은데 살다 보니 무엇이었는지 생각도 안 나네요."
　"꿈이요? 직장 생활하고 결혼해서 아이 키우다 보니 내 꿈은 먼 기억 속으로 묻혀 버렸어요."
　"꿈은 아이들이나 갖는 것 아녀요?"

　어린 시절 그 많던 꿈들이 일평생 살면서 이루어지기도 하고 잊히기도 한다. 지금 나이에 생각해 보면 '내게도 꿈이라는 것이 있었나?'라는 의문이 든다. 꿈의 사전적 의미는 잠자는 동안에 깨어 있을 때와 마찬가지로 여러 사물을 보고 듣는

5장

정신 현상 또는 실현하고 싶은 희망이나 이상이다.

"희망은 잠자고 있지 않는 인간의 꿈이다. 인간에게 꿈이 있는 한 이 세상은 도 전해 볼 만하다. 어떠한 일이 있더라도 꿈을 잃지 마라. 꿈은 희망을 버리지 않는 사람에게 선물로 주어진다."라고 그리스 철학자 아리스토텔레스는 말했다.

태어나서 이 세상을 떠나는 날까지 꿈을 꾸며 살아가야 한다. 먹고 사느라, 아 이들 키우느라, 직장 생활하느라 꿈을 꿀 기회조차 만들지 못하고 하루하루를 목 적 없이 주어진 대로 사는 경향이 많다. 꿈이 없으면 미래에 대한 희망도 가질 수 없다. 희망 없는 삶은 무미건조한 시간의 연속일 수밖에 없다. 꿈은 하고 싶은 일 이나 직업이 아니다. 나이가 들면 꿈이 사라지는 것도 아니다. 꿈은 살아가면서 어떤 삶을 살 것인지, 직업을 통해 이루고 싶은 것이 무엇인지를 알아보려는 삶 의 방향이다.

"여러분은 꿈이 뭐예요?"
아이들은 대부분 돈을 많이 버는 직업을 갖는 것이라고 대답한다.
"돈을 많이 벌어서 뭐 할 건데요?"
"돈을 많이 벌 수 있는 직업이 무엇인지 생각해 봤어요?"

현실 속에서 돈이 필요할 뿐이지 어떤 일을 해서 돈을 벌지, 그 돈으로 무엇을 할지까지는 생각이 미치지 못한다. 돈은 자신이 하고자 하는 직업 속에서 경력을 쌓고 전문가 수준의 업무 능력을 갖추면 세월이 흐르면서 자연스레 얻어지는 것 이다. 돈을 버는 것이 꿈이 돼서는 안 된다는 말이다. 아니, 부자가 되는 게 꿈일 수도 있다. 그러나 부자로 끝나서는 꿈이라고 할 수 없다. 좋아하는 것과 잘하는 것이 조화를 이루어 목표를 달성해 나가는 과정 속에서 삶의 의미와 행복을 찾아야 한다.

"당신 꿈이 뭐예요?"
　주변 사람들이나 아이들에게 질문해 보자. 꿈을 갖게 하는 가장 좋은 방법은 꿈이 무엇인지 묻는 것이다. 그리고 그들의 꿈을 응원하고 칭찬해 주는 것이다. "그 꿈 너에게는 어울리지 않아."라는 부정적인 말보다는 무한 긍정으로 이룰 수 있다는 용기를 북돋아 줘야 한다.

"그 꿈을 이루기 위해 어떤 계획을 세우고 있어요?"
"그 꿈을 이루기 위해 지금 준비하는 것이 있나요?"

　위 질문을 통해 꿈을 말하고 그 꿈을 이루기 위해 무얼 준비하고 있는지 묻는다면, 상대방은 준비하고 있지 않더라도 생각을 하게 된다. 꿈은 직업 활동이 아니다. 누구나 자신만이 하고 싶고 이루고 싶은 것이 하나쯤 있다. 마음 깊숙이 숨은 꿈을 세상 밖으로 끄집어내려면 꿈이 무엇인지 그리고 그 꿈을 이루기 위해 어떤 조치들을 취해야 하는지 스스로에게 물어봐야 한다.

　윌리엄 셰드는 "항만에 있는 배는 안전하다. 허나 안전하게 머물러 있기 위해 배가 만들어진 것은 아니다."라고 했다. 삶을 살면서 꿈을 꾸지도 실현해 보지도 않는 것은 항만에 배를 안전하게 묶어 두는 것과 같다. 학교에서 공부하고 직장 생활하는 이유는 자신이 꿈꿔 온 세상을 만들기 위해서다. 노력과 열정, 끈기로 자신의 꿈을 멋지게 이루어 가야 한다. 내 꿈을 언제 찾아야 하는지는 중요하지 않다. 중요한 것은 스스로의 힘으로 꿈을 찾는 것이다. 꿈과 목표는 다르다.

'나는 어떤 인생을 살고 싶은가?'
'나는 이 일을 왜 하고 싶은가?'
'하고 싶은 직업을 통해 성공하고 돈도 많이 벌어서 무엇을 하고 싶은가?'

　이처럼 삶에 관한 질문과 꿈에 관한 질문 속에서 자아를 발견할 수 있다. 자아는 우리 일상의 감각, 사고, 행동 등의 바탕이 되는 '나 자신'을 의미한다. 자아를 발견하고 꿈을 발견하는 방법은 세 가지가 있다.

첫째. 자신에 대한 성찰과 반성이다. '일기 쓰기', '감정 일기 쓰기', '자문자답 일기 쓰기' 등을 하면서 자신의 하루 일과를 살펴본다.

둘째. 다양한 영역의 폭 넓은 지식을 습득한다. 이는 자신의 관심 영역을 확장시키고 진정한 자아를 발견하기 위한 디딤돌이 된다.

셋째. 주변 사람들의 충고와 조언을 받아들여야 한다. 사회 변화에 적극적으로 대처하는 사람들에게는 특징이 있다. 주변 친구나 부모님, 선생님의 의견을 잘 받아들이는 것이다.

자아를 발견하는 일은 내 안에 숨겨져 있는 소중한 보물들을 찾는 것과 같다.

1. 나는 무엇을 가장 좋아하고 잘할까?

질문1 **나의 강점과 약점을 파악해 보자.**

나의 강점은 무엇인가?	▷ 고장 난 물건을 잘 고친다. ▷ ▷
나의 약점은 무엇인가?	▷ 사람들 앞에서 한마디 말도 못한다. ▷ ▷
나에게 기회는 무엇인가?	▷ 자동차 정비학과가 있는 고등학교에 갈 수 있게 됐다. ▷ ▷
나에게 위협은 무엇인가?	▷ 발표력이 부족하다 보니 고등학교 진학 시 면접 볼 때 어떻게 해야 할지 고민이다. ▷ ▷

TIP 강점과 약점을 파악한다. 내 강점과 약점이 무엇인지 모른다면 부모님이나 친구들 그리고 선생님에게 물어 본다. 사람마다 강점과 약점은 다르다. 강점을 강화시키고 약점을 보완하는 방법도 생각하면서 활동지를 작성한다.

질문2 **내 강점을 강화시킬 수 있는 방법 5가지는?**

내 강점은?

(예) 고장 난 물건을 잘 고친다.

강점을 강화할 수 있는 방법은

(예) 정비 관련 자격증을 취득하기 위해 공부한다.

▷

▷

▷

TIP 강점을 강화할 수 있는 방법을 찾으려면 커리어넷과 워크넷에서 직업과 자격증, 학과 정보를 살펴본다.

긍정적인 태도는 기적의 묘약이다.

퍼트리샤 닐

마이클 조던은 '농구 황제'라 불릴 만큼 미국 NBA 역사상 가장 위대한 농구 선수다. 그는 1984년 시카고 불스에 입단한 뒤 미국 프로 농구에서 15시즌을 뛰며 팀이 6회나 우승하도록 이끌었다. 마이클 조던은 1993-1994년 미국 프로 농구 시즌을 시작하기 전 은퇴를 선언하고 미국 프로 야구 마이너 리그에서 야구 선수로 새로운 삶을 시작한다. 하지만 농구 황제였던 그는 프로 야구에서는 제대로 기량을 발휘하지 못했고 1995년 3월 다시 시카고 불스 농구 팀으로 돌아와 연속 3회 우승을 이끌어 낸다.

"나는 농구를 시작한 이래 9,000번 이상의 슛을 놓쳤다. 나는 경기에서 300번 가까이 졌다. 나는 26번의 경기를 결정짓는 위닝샷을 놓쳤다. 나는 실패하고 또 실패했다. 그것이 내가 성공한 이유다."

마이클 조던은 농구 선수로서 천부적인 재능을 가졌지만 자신의 위치에 만족하지 않고 끊임없이 노력해 농구 황제의 자리에 올랐다. 농구 황제 마이클 조던도 야구에서는 특별한 재능을 발휘하지 못했는데, 그의 장점은 농구 잘하는 것이었다.

벤저민 프랭클린은 "인생에서 진짜 비극은 천재적인 재능을 타고나지 못한 것이 아니라 이미 가진 강점을 제대로 활용하지 못하는 것이다."라고 했다. 많은 사람이 자신만의 강점을 가지고 태어나지만 평생 동안 파악하지 못하고 살아간다. 나도 40대 중반까지는 강점을 발견하지 못한 채 안정적인 직업에 만족하며 살았다. 그러나 진로진학 상담교사로 활동하면서 2015 교육 과정《진로와 직업》교과서 집필에 참여했고, 꾸준하게 독서하는 습관을 가진 뒤 강점을 발견했다. 내 강점은 주변 사람들의 의견을 적극적으로 수용할 줄 아는 태도와 유용한 아이디어들을 현장에서 적용하는 실행력이다. 그리고 새로운 세상에 대한 도전 정신과 호기심이다.

행복한 삶을 살려면 자신의 강점을 찾아야 한다. 강점을 찾지 못하면 직장과 학교에서 업무와 학업에 몰입하지 못한다. 특히 학교 교육은 학생들로 하여금 강점을 만들어 가도록 하는 교육이 아니라 성적을 향상시키고 명문고, 명문대라고 불리는 상급 학교에 입학하게 하기 위한 공부다. 우리나라 청소년들의 행복 지수가 낮은 이유도 강점을 찾아 가는 공부가 아니라 입시에서 우수한 성적을 얻기 위한 공부를 시키기 때문이다. 이에 따른 스트레스와 피로감 때문에 학창 시절 삶의 만족감이 낮아지는 것이다.

인간이 삶 속에서 자신의 강점을 활용하지 못한다면 어떤 일들이 벌어질까? 직장 출근이 두려울 것이다. 공부에 몰입할 수 없다. 동료나 친구와 긍정적인 관계를 맺기 힘들다. 외부에서 직장에 대한 험담을 하고 동료들을 비난한다. 긍정적인 아이디어보다는 부정적인 면을 먼저 찾는다. 이렇듯 직장 생활과 학교 생활에서 인간관계에 영향을 받고 행복하지 못한 삶을 이어간다.

강점을 발견하려면 주변을 의식하지 않고 오로지 자신만을 바라보며 집중해야 한다. "남의 떡이 더 커 보인다."는 속담이 있듯이 동료나 친구의 성공을 부러워하고 그들이 가진 것에만 관심을 기울이다가는 내면에 존재하는 재능을 찾을 수 없다. 자신만의 강점과 약점을 찾으려는 노력이 필요하다. 일상생활 속에서 주어진 대로 생활하기보다는 호기심을 가지고 주변을 살펴보고, 다양한 의견을 수용할 줄 아는 개방적인 태도를 가져야 한다.

그리고 강점을 키우려면 자신이 하는 일에 최고의 전문가가 되기 위해 배우려는 자세, 친절한 마음가짐, 한쪽으로 치우치지 않는 공정한 태도, 자신에게 닥친 장벽을 넘어서려는 용기를 가져야 한다. 또한 무엇을 위해 일하는지 알아야 한다.

강점을 발견하고 키우면 직업 활동이나 학습 활동에서 본연의 모습을 찾아서 능력을 발휘할 수 있다. 자신과 맞는 일을 찾기란 쉽지 않다. 잠재 능력을 파악해 탁월한 성과를 거둘 수 있도록 시간과 노력을 투자해야 한다. 경영학자 피터 드러커는 "사람들은 자신이 무엇을 잘하는지 안다고 생각하지만 대게 잘 모른다. 강점이 우리가 하는 모든 행동의 기반이 되는데도 말이다."라며 잠재 능력을 강점으로 끌어올리려는 열정과 노력이 필요하다고 말한다.

> 강점을 발견하지 못하고 평생 자신의 성향과 맞지 않는 일을 하면 불행하고 스트레스 속에서 살게 된다. 호기심을 가지고 주변을 살펴보고 내면 속에 숨겨져 있는 잠재 능력을 찾아내려고 노력해야 한다. 직업을 먼저 찾기보다는 자신의 강점과 약점을 찾아내서 강점은 갈고닦고 약점은 보완하려는 삶의 전략을 세워야 한다.

**주변 사람들을 무작정 따라가기보다는
재능과 강점을 파악해 자신만의 길을 가자.**

2. 꿈과 현실을 연결하는 가장 좋은 방법은 무엇일까?

질문1 나의 버킷 리스트를 작성하고 실천 방법을 생각해 적어 보자.

	버킷 리스트	실천 시기	실천 방법
예	걸어서 세계 일주	30세	경비 마련과 여행 계획 수립
1			
2			
3			
4			
5			
6			
7			
8			
9			
10			

TIP 살면서 하고 싶은 일을 적는다. 현실적으로 가능한지 아닌지 구분하지 말고 미래에 하고 싶은 일을 적고 시기와 실천 방법도 적어 본다.

마음속으로는 하고 싶지만 현실적으로 불가능한 일은 무엇인가?

하고 싶은데 불가능한 일은?

(예) 글쓰기 대회에서 우수상을 받고 싶다.

이유 또는 개선할 점은?

(예) 글을 어떻게 써야 하는지 몰라서 우수상을 받을 수 없다. 글쓰기를 배우려고 논술반에 등록했다.

TIP 현실적으로 가능한 목표를 세운다. 스스로 도달할 수 있는 목표를 정하고 실천 계획을 세워야 불가능한 것을 가능하게 만들 수 있다.

할 수 있는 자는 실행을 한다.
할 수 없는 자가 가르친다. 버나드 쇼

"저는 꿈이 없어요. 중학교 2학년인데 꼭 꿈이 있어야 하나요?"

"주변 친구들은 꿈이 있어서 벌써부터 준비하는데, 저는 꿈이 없다 보니 학교 공부에도 흥미를 느끼지 못하겠어요."

"저는 꿈이 너무 많아요. 그런데 어떤 것을 제 꿈으로 정해야 할지 모르겠어요."

초등학교를 졸업하고 중학생이 되면서 꿈이 사라져서 공부가 안 된다는 학생이 많다. 꿈이 없으니 삶의 목적도 없고 공부에 흥미를 느끼지 못한다. 반면에 꿈이 너무 많아서 어떤 꿈을 선택할지 행복한 고민을 하는 학생들도 있다. 즉, 꿈을 직업과 연결해서 질문하고 답을 찾으려 하지 않기 때문이다.

가정이나 학교 교육에서도 마찬가지다. 아이들이 미래에 일하고 싶은 직업만 물을 뿐 어떤 삶을 살아갈 것인지를 질문하며 꿈을 찾게 하려고 하지 않는다. 그런데 꿈을 찾으려면 스스로의 성향을 먼저 파악해야 한다.

"제가 미래에는 뭘 해야 할지 모르겠고 공부도 그다지 잘하는 편도 아니고 무엇 하나를 집중 할 수 없어서 너무 힘들어요."

중학생 때는 하고 싶은 것이 있었고 자신의 성향을 잘 파악해서 고등학교를 선택했는데, 막상 고등학교에서 생활하면서 자신의 선택에 의문이 들기 시작한 학생의 고민이다. 깊이 있는 탐색을 해도 '나' 자신을 정확히 파악하는 것은 어렵다.

개인의 성향은 매년, 심지어는 매일 변할 수도 있다. 삶은 변화의 연속이다. 그 변화 속에서 자신의 성향에 맞는 공부를 하고 일을 만들 수 있다. 변화에 잘 적응할 수 있는 방법은 수시로 점검하는 것뿐이다.

가정과 학교에서는 내가 누구인가를 알려주지는 않는다. 자신만이 스스로의 모습을 바라보고 변화시킬 수 있다. 중학교 1학년 아이들에게 '자기 이해'라는 부분을 가르치고 이해시키려 해도 아이들은 자신이 어떤 성향을 가졌는지 파악하기 힘들다. 어른도 힘든 자기 이해를 어린 학생들에게 요구하는 것이 '진정한 진로 교육인가?'라는 의문이 생기기도 한다.

"너는 누구니?"

자신이 누구인지 찾는 방법을 알려 주고 아이들이 살아가면서 자기 이해를 통해 스스로 직업인으로 성장하도록 돕는 게 중요하다. 초등학교 6년, 중고등학교 6년 동안 아이들을 변화시키고 자신이 어떤 사람인지 인지하도록 돕는 것이 어른들이 해야 할 일이다. 어떤 담임을 만나느냐에 따라 아이들은 달라진다. 가정에서 부모의 역할이 중요하듯이 학교에서는 담임 교사나 교과 담임의 역할이 중요하다.

자기 자신을 이해하고 진정으로 행복한 꿈을 찾기 위해서는 꿈만 꾸지 말고 행동해야 한다. 아는 만큼 미래 꿈이 보이는 것이다. 꿈이 없어서 공부에 흥미를 느끼지 못한다고 말하기보다 꿈을 찾기 위한 행동을 해야 한다. 즉, 일상생활에서 직접 경험이나 간접 경험을 하면서 꿈을 만들어 갈 수 있다.

직접 경험은 학교에서 진행하는 다양한 활동에 적극적으로 참여해 내면에 숨은 끼를 찾아 보는 것이다. 아무것도 하지 않고서 자신이 누구인지 파악하기는 어렵다. 내가 재능을 파악하는 데 40년이 걸린 이유는 적극적으로 뭐든지 참여하는 태도가 부족했기 때문이다.

좋아하는 일에 용기 있게 참여하지 못하는 학생들이 있다. 그렇다면 마음속에 잠재한 용기를 밖으로 끄집어내야 한다. 좋아하는 것에 적극적으로 참여하려는 용기야말로 내면의 끼와 재능을 발견하는 원동력이 되기 때문이다.

간접 경험은 독서와 유튜브, 영화 등 다양한 매체를 활용해 꿈을 찾는 것이다. 독서와 유튜브 영상을 보고 아무것도 하지 않으면 기억 장치로 들어온 정보들이 연기처럼 사라져 버린다. 독서는 흥미 있는 분야부터 읽는 것이 중요하지만, 될 수 있으면 다양한 분야의 책을 매일 읽고 생각해야 한다. 유튜브에서도 미래 꿈을 만들도록 돕는 영상을 찾아서 시청해야 한다. 미리 도서 목록과 영상 시청 목록을 적어 놓고 계획적으로 실행에 옮기는 것이 유용한 방법이다.

청소년들이 주어진 삶에서 적극적으로 행동하려면 시간 공간, 사회 공간, 디지털 공간 등의 다양한 맥락에서 불확실성을 헤쳐 나가야 한다.

'OECD 교육 2030' 프로젝트는 청년들이 혁신적인 생각과 책임감을 지니도록 하는 데 필요한 세 가지 '변혁적 역량'을 제시했다(출처:《4차 산업 혁명과 미래 교육 포럼 운영 자료집》).

첫째, 새로운 가치의 창조이다.

더 강력하고 포괄적이며 지속할 수 있도록 개발하려면 새로운 성장 동력이 절실하게 필요하다. 2030년을 준비하려면 창의적으로 생각하고, 새로운 제품과 서비스, 새로운 직업, 새로운 과정과 방법, 새로운 사고방식과 생활 방식, 새로운 기업, 새로운 영역, 새로운 사업 모형, 새로운 사회 모형을 개발할 수 있어야 한다. 홀로 생각하고 일하기보다는 새로운 지식을 창출하기 위해 기존 지식을 다른 사람과 나누면서 협동하고 협력할 때 혁신이 시작된다. 적응력, 창의성, 호기심, 개방성이 이러한 역량을 뒷받침하는 구성 요소다.

둘째, 긴장과 딜레마 조절이다.

불공정한 오늘날의 세계에서는 지역적 관점이나 세계적 관점에서 이해관계를 조절해야 한다. 따라서 청소년들은 공정성과 자유, 자율성과 공동체성, 혁신과 지속성, 효과성과 민주적 절차 등의 긴장, 딜레마, 이율배반을 능숙하게 다룰 수 있어야 한다. 하나의 선택 혹은 단일 해법으로는 갈등하는 요구들 사이에서 균형을 잡기가 힘들다. 따라서 섣부른 결론을 피하고 상호 연결성을 인식하는 통합된 방법으로 사고해야 한다. 상호 의존과 갈등이 공존하는 세상에서는 다른 사람의 요구와 욕구를 이해하는 능력을 발전시켜야 자신, 가족, 공동체의 행복을 지킬 수 있다.

셋째, 책임감을 느껴야 한다.

참신함, 변화, 다양성과 모호성은 개인이 스스로 생각하고 다른 사람과 함께 일할 수 있다는 것을 전제해야 한다. 마찬가지로 창의성과 문제 해결력은 행동에 따른 결과를 고려하고 위험과 보상을 평가하며 이에 대해 책임을 지는 능력을 전제해야 한다. 이것은 자신의 경험과 개인적 혹은 사회적 목표, 무엇이 옳고 그른지 가르치고 말했던 것 등에 비추어 행위를 반성하고 평가하는 책임감, 도덕적이고 지적인 성숙을 의미한다.

지금 이 시대를 살아가는 청소년들은 자기 통제, 자기 효능감, 책임감, 문제 해결 및 적응력 등 자신을 조절하는 능력을 키워야 한다. 청소년기를 부모에게 반항만 하는 사춘기가 아니라 책임감을 길러 건강한 사회인으로 성장하는 기회로 받아들여야 한다. 따라서 뚜렷한 자기 주관과 책임감을 가지고 맡은 일에 임해야 한다.

뇌과학자들은 청소년기가 자기 조절력과 관련된 뇌 영역이 변하는 두 번째 뇌 가소성이 폭발적으로 나타나는 시기라고 한다. 이 시기에는 청소년들이 책임감을 느끼고 현실 세계에 적응해 나가는 교육이 필요하다. 자기 자신을 이해하고 경험한 만큼만 현실을 이해할 수 있다. 꿈이 없어서 공부에 흥미를 느끼지 못한다고 말하기보다는 꿈을 찾기 위한 행동을 해야 한다.

나를 찾고, 꿈을 찾고, 형상의 꿈에서 깨어나
행동으로 옮기는 실행력이 현실에 적응하는 방법이다.

3. 내가 가장 중요하게
생각하는 것은 무엇일까?

질문1 나는 내 삶에 어느 정도 만족하고 있는가?

	질문 문항	Yes	No
1	현재 살고 있는 환경에 만족하는가?		
2	일상적으로 먹는 음식에 만족하는가?		
3	외출할 때 입는 옷과 스타일에 만족하는가?		
4	사색하고 음악 듣고 독서할 수 있는 나만의 공간이 있는가?		
5	학교에서 친구들과의 관계에 만족하는가?		
6	나만 소중하게 생각하는 것이 있는가?		
7	부모님, 선생님 등 일상생활에서 지인들과의 관계에 만족하는가?		
합계			

'Yes'가 6~7개인 경우	'현재 생활에 매우 만족'
'Yes'가 3~5개인 경우	'현재 생활에 보통 만족'
'Yes'가 1~2개인 경우	'현재 생활에 보통 불만족'

검사 결과 나의 평가는?

(예) 나는 매우 불만족으로 나왔다. 요즘 생각해 보니 모든 일에 불만을 가졌던 것 같다. 자신감과 상대방을 배려하는 마음을 가지면 불만이 사라질 것 같다.

TIP TIP 일상생활 속에서 평균적인 만족도를 체크한다. 사실대로 표시해 생활에 어느 정도 만족하고 있는지 파악하고 매우 불만족스럽다면 그 이유를 알고 개선 방안을 찾아야 한다.

질문2 **직업을 선택할 때 중요하게 생각하는 가치는?**

(예) 자기 개발을 할 만큼 개방적인 환경인지를 보고 직업을 선택한다. 왜냐하면 꾸준하게 능력을 개발하면서 직장 생활을 하고 싶기 때문이다.

TIP 중요하게 생각하는 가치에 따라 직업 만족도도 다르다. 직업 선택 시 고려해야 할 가치로는 안정성, 봉급, 봉사 정신, 자기 개발, 지적 추구 등이 있다. 그 밖에 다른 가치를 적어도 된다.

인간은 스스로 가치를 결정한다.
그리고 자신이 정한 가치만큼 대접받는다. _{요한 실러}

활동지 작성 후 나는?

✚ 인간이 삶에서 원하는 최종 목표는 행복이다. 행복한 삶을 살려면 어떤 가치관을 가지고 살아야 하는지 알았다.

✚ 직업을 선택할 때 중요하게 생각하는 가치는 사람마다 다르다. 자신이 선택한 가치에 따라 삶의 만족도도 달라진다. 같은 직업 활동을 하더라도 추구하는 가치에 따라 만족도가 다름을 알았다.

노벨 생리학상을 수상한 영국의 생물학자 존 거든 교수는 생리학자를 꿈꿨지만 학창 시절 생물 성적은 꼴찌에 가까웠다. 담임 선생님은 그의 성적표에 과학자를 꿈꾸는 건 어림없는 짓이라고 썼다. 존 거든 교수는 대학교에서 고전 문학으로 전공했지만, 생리학자의 꿈을 이루기 위해 동물학을 복수 전공해서 10년 뒤 개구리 복제에 성공했고, 그 공로를 인정받아 노벨상까지 받았다.

꿈을 이루려면 열등감보다 자신감, 생각보다는 행동, 단점보다는 장점, 타인과 비교하기보다는 자신 존중 등에 집중해야 한다. 상급학교나 학원을 선택할 때도 부모와 갈등하기보다는 부모 입장에서 생각하면서 이야기에 귀 기울여 잘 협의해 나가야 한다. 그래야 부모와 자녀 간의 신뢰가 형성된다.

스스로를 존중하지 않으면 아무도 나의 가치를 알아주지 않는다. 가족과 친구들과 소통할 줄 알아야 자신의 가치를 존중하고 꿈을 키우며 성장할 수 있다. 자존감만 충만한 아이가 아니라 타인을 존중하고 배려할 줄 알아야 하며, 열등감보다는 자신감을 갖고 타인과 비교하기보다는 자신을 존중할 줄 아는 마음을 가져야 자기 가치가 높아진다.

가치관은 가치에 대한 관점으로 어떠한 상황에서 특정한 방향으로 선택하고 결정하게 하는 개인의 중요한 특성이다. 직업을 선택할 때도 영향을 끼치는데 이를 직업 가치관이라 한다. 사람은 대부분 직업 활동을 통해 성취, 안정성, 금전적 보상, 인정, 영향력 발휘, 봉사, 자기개발 등의 가치를 달성하려고 한다. 같은 직업을 가진 사람들도 직업 가치관이 다를 수 있으며, 시간이 지남에 따라 처음 가졌던 가치관이 변할 수도 있다.

독일의 철학자이자 교육학자인 에두아르트 슈프랑거는 생의 가치관에 따라 인간의 유형을 6가지로 구분했다.

첫째, 이론형은 사물의 진리를 탐구하고 연구하며 가르치는 일에 보람을 느끼는 유형으로 교수, 평론가, 연구가, 과학자 등이 해당된다.

둘째, 권력형은 권력이나 정치적 지배에 흥미를 느끼고 권력 획득을 최고의 가치로 삼는 유형으로 정치인, 행정 공무원, 기업 임원 등이 해당된다.

셋째, 경제형은 경제적 이익에 최고의 가치를 두는 유형으로 무역인, 사업가, 유통업 종사자, 상인 등이 해당된다.

넷째, 심미형은 가장 중요한 가치는 미적 가치라고 생각하는 유형으로 예술가, 디자이너, 성악가 등이 해당된다.

다섯째, 사회사업가형은 타인을 사랑하고 봉사하는 데에 가치를 두는 유형으로 서비스업 종사자, 상담사, 사회사업가 등이 해당된다.

여섯째, 종교형은 종교적 가치에 따라 행동하고 성스러운 것을 추구하는 유형으로 목사, 승려, 신부 등 종교인이 해당된다.

삶을 살아가며 중요하게 여기는 가치 기준은 사람마다 다르며, 어떤 가치에 목표를 두고 살아가느냐에 따라 삶의 행복과 만족도도 달라진다. 자신이 평소에 생각하고 추구하는 직업 가치관에 알맞은 직업을 선택한다면 그 직업 활동에서 만족감을 얻고 성취동기도 높아진다. 가르치는 일로 누군가를 돕고 아이들에게 꿈과 희망을 심는 것이 보람이라고 생각해서 교사가 된 사람과 그렇지 않은 사람은 교직 생활의 깊이가 다르다. 따라서 청소년 때부터 삶의 여정에서 추구해야 할 소중한 가치를 파악해야 한다. 이처럼 직업과 추구하고자 하는 직업 가치관이 서로 맞는지 알아야 즐겁고 만족도 높은 직업을 선택할 수 있다.

돈, 권력, 사회적 지위, 쾌락 등 외면적 가치를 소중히 생각하는 사람도 있고, 직업 활동 속에서 얻는 정신적 즐거움, 보람, 만족 등과 같은 내면적 가치를 추구하는 사람도 있다. 지금 현실로 나타나는 사실만 보기보다는 먼 미래 자신의 모습을 상상하고, 올바른 삶의 가치관을 실천하며 살아온 사람들의 이야기를 들으며 긍정적인 가치관을 세워 나가자.

중요하게 생각하는 가치를 추구하는 삶을 살아가라.

직업 가치관

	업무 수행 능력	설명
1	고용 안정	고용이 안정돼 있어서 정년까지 일할 수 있다.
2	심신의 안녕	정신적이나 육체적으로 여유를 가질 수 있다.
3	개인 지향	여러 사람과 어울려 일하기보다는 혼자 일할 수 있다
4	성취	스스로 목표를 세우고 달성할 수 있다.
5	애국	국가에 도움이 될 수 있다.
6	지적 추구	새로운 지식을 얻을 수 있다.
7	신체 활동	업무 시 신체 활동을 많이 하지 않아도 된다.
8	타인에 대한 영향	타인에 대해 영향력을 발휘할 수 있다.
9	경제적 보상	금전적 보상이 충분하다.
10	다양성	업무가 정형화돼 있지 않고 변화한다.
11	자율성	업무를 자율적으로 해 나갈 수 있다.
12	인정	타인에게 인정받을 수 있다.
13	이타	남을 위해 봉사할 수 있다.

4. 아무리 작은 것에도 도전은 필요하다!

질문1 목표를 달성했을 때 느낀 감정은?

느낀 감정 / 왜 그런 감정을 느꼈을까?

(예) 감사했다. 이번 시험에서 수학 점수 20점 올리는 것이 목표였는데 성공했다. 열심히 공부한 나 자신에게 감사하다.

TIP 목표를 달성했을 때 느끼는 감정은 행복, 감사, 즐거움, 기쁨, 희열, 만족, 고마움 등이다. 감정을 느낀 이유를 사실적이고 구체적으로 작성한다.

질문2 인간이 살아가면서 시간을 내서라도 배워야 할 것 2가지는?

배워야 할 것 / 이유는?

(예) 대화하는 방법. 관계를 잘 맺으려면 대화를 잘해야 하기 때문이다. 사람들 앞에서 말을 못하는 것도 스트레스다.

1.

2.

TIP 사람마다 살아가면서 시간을 내서라도 배워야 할 것이 다르다. 그러므로 자신이 배우고 싶은 것과 그 이유를 적어 본다. 배움에 경계선은 없다.

나에게 두려움이 없다면 무엇을 할 수 있을까?

(예) 혼자 세계 여행을 하겠다. 혼자 어딘가로 떠나는 것이 무섭다.

TIP 두려워서 못하는 것을 떠올려 본다. 두려움이 없다면 무엇에 도전해 보고 싶은가?

평온한 바다는 결코 유능한 뱃사람을 만들 수 없다.

영국 속담

필립 프티는 프랑스의 거리 공연자이자 곡예사다. 그는 열여덟 살 때 파리의 한 치과 병원 환자 대기실에 앉아 불현듯 세계무역센터에 올라가 줄타기를 해야겠다고 결심했다. 진료를 기다리며 신문을 뒤적이다가 몇 년 뒤 110층짜리 쌍둥이 빌딩이 뉴욕시에 솟아올라 구름을 간지럽힐 것이라는 기사를 읽은 것이다. 그는 반드시 그 위에 올라 세상을 깜짝 놀라게 하겠다는 포부를 가슴에 품었다.

1974년 8월 7일 아침 6시 45분. 드디어 그는 400미터 높이의 미국 뉴욕 세계무역센터 빌딩 사이를 걷는다. 출근 시간, 분주한 사람들의 발길과 도심 차량의 흐름을 멈춰 세운 채 줄 위에서 꼬박 여덟 시간 공연을 했다. 지상으로 내려온 뒤 경찰에 연행돼 가던 그는 이유를 묻는 기자들에게 이렇게 말했다.

"나는 오렌지가 세 개 있으면 곡예를 하고, 건물이 두 채 보이면 줄타기를 하는 사람입니다."

필립 프티가 줄타기를 계속 하는 이유는 자신이 가장 좋아하는 일이기 때문이었다. 그는 열여덟 살의 꿈을 이루기 위해 끊임없이 도전했던 것이다.

매년 1월과 2월은 겨울 방학과 졸업식 시즌이다. 학생들이 꿈을 만들고 도전을 위한 계획을 세워 실행에 옮길 수 있는 기회이기도 하다. 머릿속으로 생각만 하는 것이 아니라 비전 보드에 정말 이루고 싶고 실행 가능한 계획을 적어 겨울 방학을 알차고 보람 있게 보내야 한다.

계획은 'SMART'해야 한다. 즉 Specific(구체적이고), Measurable(측정 가능하고), Attainable(달성 가능하고), Relevant(현실적이고), Time-bound(시간 제한)이 있어야 한다.

첫째, 명확하고 구체적인 계획을 세워야 한다. "독서를 많이 할 것이다."라기보다는 "과학 분야 책 3권을 하루에 1시간씩 읽고 서평을 쓸 거야."라는 구체적이고 명확한 계획을 세워야 실현 가능성이 훨씬 커진다.

둘째, 계획은 측정 가능해야 한다. 피터 드러커는 "측정할 수 없는 것은 관리할 수 없다."라고 말했다. 하루 또는 일주일 단위로 계획대로 실행하고 있는지 점검하며 초기 계획에서 벗어나지 않아야 한다.

셋째, 달성 가능한 계획을 세워야 한다. 목표를 세웠으면 그 목표를 실현할 수 있는 방법도 생각해 둬야 한다. 목표를 달성하려면 어떤 자세와 준비물이 필요한지 정리해 둬야 한다.

넷째, 달성할 수 있는 현실적인 계획이어야 한다. "나는 과학 책을 하루에 3

시간씩 읽을 거야."라고 계획을 세웠다면 매일 3시간씩 독서하는 데 시간을 할애할 수 있는지 검토해야 한다. 평소 독서하지 않았다면 하루 3시간의 독서는 쉽지 않은 일이다. 학습 계획이든 독서와 체험 계획이든 자신의 성향과 여건을 고려해 현실적인 목표를 세운다.

다섯 번째, 목표 달성 기간을 정해 계획을 세워야 한다. 이때 장기, 중기, 단기로 나누어 언제까지 완수할 것인지 기간을 정한다.

새 학기 새 학년을 준비하면서 계획을 세울 때는 위 SMART 방법으로 계획을 세워 보는 것도 좋다. 막연하게 "무엇 무엇을 해야지."라고 계획하기보다는 겨울 방학 동안 자신이 하고 싶은 것을 계획 세워 실행하는 습관을 길러야 한다. 학습 계획뿐만 아니라 꿈을 찾고 실현하기 위한 구체적인 계획을 세워 겨울 방학을 꿈을 만들고 도전하는 기회로 활용하자.

도전하기 위해서는 계획을 세우고 실천해야 한다. 계획은 구체적이고, 측정 가능하며, 달성 가능하고, 현실적이어야 하며 달성 기간도 정해야 한다. 자신이 이루고 싶은 것을 계획 세우고 실행하는 과정에서 보람과 즐거움을 느낄 수 있다.

도전은 자신의 역사를 만드는 기회이다.

도전에 대한 명언

• 불행에 굴복해서는 안 된다. 대담하게 적극적이며 과감하게 불행에 도전해야 한다. - 베르길리우스

• 위대한 일을 하려면 대단한 도전이 필요하지 않다. 순간순간의 작은 도전이 모여 위대한 일을 이루어 간다. - 모션코치

• 변명 중에서도 가장 어리석은 변명은 "시간이 없어서"이다. - 에디슨

• 일을 해 보면 쉬운 법이다. 그럼에도 시작은 하지 않고 어렵다고만 생각하므로 할 수 있는 일들을 놓친다. - 맹자

• 어떤 일을 달성하기로 결심했으면 그 어떤 지겨움과 혐오감도 불사하고 완수하라. 고단한 일을 해낸 데서 오는 자신감은 실로 엄청나다. - **아놀드 베넷**

• 성공은 성공 지향적인 사람에게만 찾아온다. 실패는 스스로 실패할 수밖에 없다고 체념해 버리는 사람에게 찾아온다. - **나폴레온 힐**

5. 잘하는 것과 좋아하는 것을 연결해 볼까?

질문1 지금까지 여러 가지 활동지를 풀어 봤다. 활동지를 분석해 자신의 성향과 재능이 무엇인지 정리해 본다.

잘하는 것은?	좋아하는 것은?

존경하는 인물은?	나만의 가치관은?

TIP 1장부터 5장까지 다양한 활동지를 작성했다. 작성한 활동지를 다시 한 번 살펴보면서 정리해 본다.

질문2 **자신의 능력을 개발하기 위한 계획을 작성해 보자.**

능력	강점	약점	개발 계획
자기 개발 능력			
의사소통 능력			
창의력			
비판적 사고력			
공동체 능력			
정보 처리 능력			
심미적 감성 능력			

TIP 2장에서 다룬 능력을 효과적으로 개발하는 방법들을 살펴보면서 항목별로 정리한다.

시작도 하지 않고 미리 어렵게만 생각하기에
할 수 있는 일들을 놓쳐 버리는 것이다. 맹자

활동지 작성 후 나는?

✚ 이 책의 첫 주제부터 읽고 활동하면서 파악한 자신의 성향과 강점, 약점들을 종합해 본다. 차시별 활동지를 살펴보면 여러분의 재능과 필요한 역량을 어떻게 연결할 것인지 알 수 있다.

"직업 체험이나 자유 학기 프로그램을 신청하는데, 학생들이 한 분야에 집중적으로 몰렸다면 어떻게 처리하겠습니까?"

진로진학 상담교사 부전공 연수 강의 중에 선생님들에게 질문을 했다.

"학생들이 원하는 것을 할 수 있도록 해야 한다."라는 의견이 많았다. 학생들의 선택을 존중해서 신청한 대로 모두 수용해야 한다는 논리였다. 학생들이 희망하는 대로 배정하는 것이 옳을 수도 있다. 하지만 지금은 관심 없는 분야지만 체험하다 보면 잠재된 재능을 찾는 경우가 많이 있다. 꼭 하고 싶고 관심 있는 분야만 체험하는 것이 아니라 관심 없는 분야에서도 체험하면서 끼와 재능을 발견해 나갈 수 있다

진로 교육은 학생들이 직업을 찾는 것이 아니라 융합적 사고력을 키우도록 하는 교육이다. 융합적 사고란 전문 지식과 인문학적 소양을 바탕으로 문제를

새로운 시각에서 보고 다양한 분야의 지식과 기술을 응용해 해결하는 능력을 의미한다.

진로 교육은 융합적 사고력을 키우고 기존의 것과 혁신적인 아이디어를 찾는 교육 활동이어야 한다. 따라서 학교 현장에서 진로 교육 교사는 정해진 틀에서 잘하는 학생과 못하는 학생을 가려 순위를 매기기보다 학생들이 잘하는 것을 찾고 다양한 경험을 하며 상상력과 창의력을 키우도록 도와야 한다.

프랑스 요한슨 메디치 그룹 회장은 "다양한 분야의 사람이 모이면 아이디어가 만나는 교차점이 생기고, 여기서 예상치 못한 혁신이 폭발적으로 일어난다. 이러한 현상이 메디치 효과다."라고 했다. 메디치 효과를 이끌어 내기 위한 지침은 다음과 같다.

- 분야 간 장벽을 허물어라.
- 새로운 시도를 해야만 하는 불편한 환경을 조성하라.
- 업무를 다각화하라.
- 아이디어를 최대한 많이 창출하라.
- 끝까지 동기를 부여하라.
- 새로운 의견을 묵살하게 만드는 오래된 네트워크를 끊어라.
- 위기를 받아들이고 실패할 가능성을 인정하라.

메디치 효과를 극대화하려면 분야 간, 영역 간 벽 허물기가 중요하며 무엇보다 실패를 수용할 준비를 하면서 새로운 시도를 할 혁신적인 분위기를 만들어야 한다. 인간의 뇌는 다양한 아이디어를 떠올리고 재빨리 이를 익숙한 틀 안에서 연결하려 한다. 또는 어떠한 과제를 제시하면 인터넷 검색을 통해서 정보를 찾고 생각 없이 그대로 베껴 활용하기도 한다.

이렇듯 과거의 경험에 익숙한 행동만 하면 창의적인 아이디어를 떠올리기 힘들다. 따라서 다양한 관점을 경험하고 기존의 장벽을 허물기 위해 노력해야 한다.

코로나19 확산으로 학교에서도 온라인 실시간 수업을 하는 교사들이 있는가 하면, 수많은 핑계를 대면서 남이 만들어 놓은 자료만 활용하는 교사들도 있다. 교사가 먼저 변해야 학생들이 변하고 자신의 진로 방향을 만들어 갈 수 있다.

4차 산업 혁명 시대를 주도해 나갈 미래의 인재들이 융합적 사고력을 갖출 수 있는 교육이 이루어져야 한다. 따라서 교사들은 과목 간 경계를 허물고 융합 수업을 활발하게 진행해야 한다. 학생들도 진로 교육 프로그램 활동에서 비록 관심 없는 분야일지라도 일단 한 번 도전해 보는 열린 마음을 지녀야 한다.

지금까지 활동했던 내용을 분석해 자신의 성향과 재능을 정리한 뒤 어느 분야에 적용 가능한지 탐색한다. 익숙한 행동만 하면 창의적인 아이디어를 떠올릴 수 없다. 관심 없는 분야라도 다양한 관점을 가지고 경험하고 자신의 한계를 넘어서려는 노력을 해야 한다. 그래야 융합적 사고력을 갖춘 인재로 성장할 수 있다.

다양한 분야를 연결하는 힘을 키우기 위한 학습과 독서 그리고 체험 활동을 꾸준하게 해 나가라.

다양한 진로 직업 체험 유형

• **진로 콘서트**: 전문 직업인이 제공하는 직업 관련 정보와 경험을 통해 사고의 틀이 확장되는 프로그램에 참여하는 활동

• **현장 견학**: 일터, 직업 관련 홍보관, 기업체 등을 방문해 생산 공정, 산업 분야의 흐름과 전망을 개괄적으로 견학하는 활동

• **직업 실무 체험**: 모의 일터에서 직업인을 만나 인터뷰하거나 관련 업무를 직접 체험하는 활동

• **강연, 대화형**: 기업 CEO, 전문가 등 여러 분야의 직업인 강연이나 대화 자리에 참석해 다양한 직업 세계를 탐색하는 활동

• **학과 체험**: 특성화 고등학교, 대학교 등을 방문해 실습, 견학, 강의 등을 통해 학과와 관련된 직업 분야의 기초 지식이나 기술을 체험하는 활동

• **현장 직업 체험**: 일터에서 직업 관련 업무를 직접 수행하고 체험하는 활동

• **진로 캠프**: 특정 장소에서 진로 심리 검사, 직업 체험, 상담 등 종합적인 진로 교육 프로그램을 경험하는 활동

전략 설계

우리는 일상생활에서 매순간 선택과 의사 결정을 한다. 일반적인 의사 결정과 진로 의사 결정에는 여러 가지 차이점이 있다.

진로 의사 결정은 결과를 즉각적으로 확인할 수 없고 몇년 또는 몇십 년이 지난 후에 확인할 수 있다. 또한 선택한 결과가 평생 삶을 살아가는 데 커다란 영향을 미칠 수 있다는 점에서 일반적인 의사 결정과 차이가 있다.

진로 의사 결정은 직업과 학교, 학과 등을 선택하는 데 있어 자신이 정한 진로 목표를 달성하도록 다양한 정보를 탐색하고, 자신을 둘러싼 환경을 고려해 하고 싶은 일을 찾아가는 과정이다. 자신의 특성을 이해하고 직업 세계에 대한 다양한 정보를 바탕으로 여러 경로를 탐색하고 평가해 자신에게 가장 적합한 방향으로 의사 결정을 해야 한다.

따라서 진로 의사 결정을 합리적으로 하기 위해 유의해야 할 점을 미리 알아둬야 한다.

첫째, 완전히 옳은 선택도 틀린 선택도 없다. 상담을 하다 보면 "선생님, 모델이 되고 싶은데, 불러주는 곳이 없으면 어떡하죠? 그때 가서 어떤 직업 활동을 해야 하죠?"라며 자신이 선택하려는 직업 활동에 불안감을 느낀다. 미래는 아무도 모르므로 불안한 것이 당연하다.

하지만 자신이 선택한 길에 믿음을 가지고 정보를 찾고 자신의 성향과 비교 분석해야 하는 게 중요하다. 선택한 일에 옳고 그른 것은 없다. 오직 자신의 성향에 맞고 삶의 방향과 연결되는지를 살펴보고 맞지 않으면 수정해 나가면 된다.

둘째, 진로를 결정할 때는 가능한 한 다양한 대안을 탐색해 본다. 나는 학생들에게 하나의 직업에만 국한하지 말라고 조언한다. 모델이 되고 싶다면 모델 분야

에서만 찾지 말고 모델과 연결된 다른 분야들도 같이 탐색해 봐야 한다. 커리어넷이나 워크넷에서 비슷한 유형의 직업 정보들을 찾을 수 있으므로 다양한 매체를 활용해 진로 탐색을 한다.

셋째, 모든 선택과 결정에는 얻는 것과 잃는 것이 있다. 일상생활에서 의사 결정을 할 때뿐만 아니라 진로 의사 결정을 할 때도 하나를 선택하기 위해 버려야 할 것이 있다. 선택한 기준에 따라 용기와 결단력을 가지고 무엇을 버리고 선택할지 결정해야 한다. 버리는 것에 미련을 두지 말자.

넷째, 바꿀 수 없는 결정은 없으며 상황의 변화에 따라 얼마든지 달라질 수 있다. 고등학교 1학년 때는 수학 교사가 되고 싶었지만 3학년 대학교 입시를 앞두고 의사가 되고 싶어서 의예과로 진학하려고 그동안의 진로 희망 사항을 고쳐서 감사에 걸린 사례들도 많다. 누구나 꿈을 바꿀 수 있고 직업도 달리 선택할 수 있다. 수학 교사에서 2년 후에 의사로 바꾼 계기가 명확했다면 별 문제가 없었을 텐데도 불구하고 무리해서 조작한 것이 문제였다. 앞으로 100세 시대를 살아가려면 변화에 능동적으로 대처하는 힘을 키워야 한다.

다섯째, 모든 결정은 위험과 도전을 포함하며 위험이 크면 보상도 크다. 천재나 성공한 사람들을 보면 남이 가지 않는 길을 선택한 경우가 많다. 안정적인 길보다는 주변 사람이 가지 않는 길을 선택하려는 마음가짐이 필요하다.

여섯째, 자신이 내린 결정이 어떤 결과를 가져오든 받아들이고 책임을 져야 한다. 그러려면 어려서부터 일상생활 속에서 스스로 선택권을 가지고 결과에 책임을 질 줄 한다. 많은 사람들이 잘한 것은 자기 탓이고 잘못된 것은 주변 사람에게 책임을 돌린다. 그 원인은 잘못된 교육에 있다. 따라서 자신이 내린 결정에 스스로 책임질 줄 알아야 한다는 점을 가정이나 학교에서 끊임없이 교육해야 한다.

진로 의사 결정은 삶에 중대한 영향을 미치므로 신중해야 하고 수정 보완해 가야 한다. 부모나 교사 그리고 주변 멘토들의 의견을 십분 활용하되 유연하고 전략적으로 수용할 줄 아는 자세가 필요하다. 자신이 선택한 결정에 책임지려는 자세도 중요하다. 삶은 자신만이 설계할 수 있기 때문이다.

"선생님이 마이스터 고등학교를 잘 알려주셔서 H회사에 벌써 취업했습니다."
얼마 전 고등학교 졸업반인 학생이 찾아왔다. 진로 수업과 진로 상담 시간에 마이스터 고등학교에 대해 얘기했더니 관심을 가지고 준비해서 마이스터 고등학교로 진학한 것이다. 이 제자처럼 일상생활과 학교 활동에서 얻은 다양한 정보를 바탕으로 여러 경로를 탐색하고 평가해 가장 적절하고 효율적인 방향으로 의사 결정해야 한다.

예를 들어 금융 서비스 전문가가 되고 싶다면, 다음과 같은 단계를 통해 가장 효율적인 방향으로 의사 결정할 수 있다.

1단계는 목표를 명료화하는 것이다. 진로 의사 결정 문제를 분명하게 인식해야 한다. '금융 서비스 전문가가 되려면 어느 유형의 고등학교에 진학하면 좋을까?'라고 문제를 인식한 뒤 목표를 명확히 하는 것이다.

2단계는 대안을 탐색하는 것이다. 원하는 목표를 달성하기 위해 다양한 대안을 찾는다. 먼저 고등학교 유형을 탐색해 본다. 일반 고등학교, 특성화 고등학교, 외국어 고등학교에 진학해서 금융 서비스 전문가가 될 수 있는 방법들을 탐색해 본다. 고입 정보 포털(www.hischool.go.kr)에서 유형별 고등학교 정보를 찾아 볼 수 있다.

3단계는 기준을 확인해야 한다. 대안들을 평가하려면 기준부터 마련해야 한다. 학업 성적과 입학 가능성, 흥미와 적성, 대학 진학이나 취업 가능성, 부모나 주변 사람들의 조언, 학교의 교육 과정 운영, 통학 거리와 학교 시설 환경, 남녀 공학 여부, 공립인가 사립인가 등의 특징과 장단점을 파악하고 진학을 위한 평가 기준을 확인해야 한다.

4단계는 대안을 평가하고 결정하는 것이다. 기준에 따라 대안을 비교 평가해 대안을 결정한다. 기준들을 고려해 여러 대안을 평가한 뒤 특성화 고등학교 진학 후 금융 기관으로 취업하는 것이 최적이란 결정을 한다.

5단계는 계획을 수립하고 실천하는 것이다. 목표 달성을 위한 구체적인 활동 계획을 세워 실천해야 한다. 특성화 고등학교에 진학하기 위한 계획을 세워야 하는데, 금융 관련 학과가 있는 특성화 고등학교를 선정하고 그곳에 진학하려면 무엇을 준비해야 할지 목록으로 작성한다. 자기 소개서와 학업 계획서도 작성해 본다.

합리적인 진로 의사 결정을 하고 싶다면 위의 5단계에 따라 진행해 본다. 문제를 명확히 알고 대안을 탐색한 후, 기준에 따라 바람직한 대안을 선택하고 계획을 세워 실천해야 한다. 진로 의사 결정뿐만 아니라 앞으로 살아가면서 선택해야 할 중요한 문제들도 이 5단계에 맞춰서 생각해 보고 결정하면 꿈을 이루며 행복한 삶을 살 수 있다.

1. 어제와 다른 오늘을 위해 해야 할 일은?

질문1　지금까지 살아온 삶에 대한 만족도를 알아보자.

지금 삶에 대한 만족도 점수는?	100점 만점 중에 [　　　]점
왜 그 점수라고 생각하는가? 이유를 자세하게 작성한다.	

TIP 지금까지 살아오면서 느꼈던 삶에 대한 만족도를 알아보는 활동이다. 느낀대로 작성하고 그렇게 생각한 이유를 적으면 된다. 깊이 생각하기보다는 일상생활에서 자신의 감정을 솔직하게 적어 본다.

질문2　일상생활 속에서 가장 행복한 사람이란 어떤 사람을 말할까?

(예) 주어진 일을 긍정적으로 받아들이고 최선을 다해 노력하는 사람이다.

TIP TIP 언제 행복을 느꼈는가? 주변을 둘러보면 행복해 보이는 사람들이 있다. 그들의 특징이 무엇인지 생각해서 적는다.

질문3 앞으로 삶에 활력을 주기 위해 자신에게 필요한 것 3가지는?

(예) 매일 축구 1시간이 내 삶의 활력소다.

TIP 힘들 때 힘이 나게 만드는 것은 무엇인가? 운동일 수도 있고 음악 감상이나 독서일 수도 있다. 기분이 좋지 않거나 무기력할 때 기분을 나아지게 만들고 활력을 주는 것은 무엇인지 생각하고 작성한다.

만족하며 살고 때때로 웃으며
많은 사람을 사랑한 사람이 성공한다 스탠리

활동지 작성 후 나는?

✦ 자신에게 행복이란 어떤 의미인지 지금까지의 경험을 바탕으로 생각해 본다.

✦ 주변에서 행복해 보이는 사람들의 특징을 이해한다.

✦ 앞으로 행복하고 활력 있는 삶을 살기 위해 필요한 것이 무엇인지 생각하고 실행 가능한 것들을 정리해 본다.

"친구들은 진로 목표를 정해서 공부하는데 나는 무얼 잘하는지. 어떤 것을 좋아하는지 아직 모르겠어요. 이러다가 친구들보다 뒤처질까 봐 불안하고 공부도 안돼서 하루하루를 불행하게 보내고 있어요."

코로나19 바이러스 확산으로 학생들의 등교가 늦어지면서 공부도 잘 안되고 친구들보다 뒤처질지 모른다는 불안감에 휩싸여 불행하다고 호소하는 청소년들의 상담 신청이 늘었다.

사람은 누구나 행복을 추구한다. 주변 친구들이 공부도 잘하고 꿈도 명확하다면 질투심이 생기는 한편 스스로 위축되는 게 당연하다.

나는 꿈이 없는 탓에 불안하고 공부를 할 수 없다는 학생들에게는 꿈을 찾지 말라고 한다. 주변 친구들의 행동에 일일이 신경 쓰지 말고 친구가 앞서가는 것을 부러워하지 말라는 의미이다. 친구는 친구이고 본인은 본인의 속도대로 세상을 살아가면 되는 것이다. 주변 환경에 너무 신경 쓰면 스트레스만 받는다. 그 시간에 차라리 자신이 현재 할 수 있는 일에 집중해야 한다.

프랑수아 를로르가 지은《꾸뻬 씨의 행복 여행》(오래된 미래, 2004)에서 노승은 꾸뻬 씨에게 이렇게 말한다.

"삶에서 목표는 많은 일들을 이루게 하는 원동력이지만, 행복은 결코 그런 것이 아니라는 겁니다. 예를 들어 집과 자동차를 사겠다는 목표처럼 어떤 것을 이루려는 마음은 당신을 삶 속에 자리 잡게 하고 많은 흥미로운 것들을 이룰 수 있게 합니다. 행복은 그런 순서로 이루어지는 것이 아닙니다. 진정한 행복은 먼 훗날 달성해야 할 목표가 아니라, 지금 이 순간 존재하는 것입니다. 인간의 마음은 행복을 찾아 늘 과거나 미래로 달려가지요. 행복은 미래의 목표가 아니라, 지금 이 순간 당신이 행복하기로 선택한다면 당신은 얼마든지 행복할 수 있습니다."

지금 이순간 자신이 무얼 해야 할지 생각해야 한다. 친구를 보고 그대로 따라 하는 것이 아니라 자신이 할 수 있는 것에서 작은 기쁨을 느낄 수 있어야 한다. 부정적인 생각으로 남 탓만 하면서 상대방을 부러워하다 보면 자신만 힘들어진다. 그리스의 철학자 소포클레스는 "행복의 첫째 조건은 분별력에 있다."라고 했다. 자기 이해와 자기 관찰을 통해 자신이 중요시하는 가치를 추구하기 위해 무엇을 해야 하는지 분별해야 한다.

자신의 능력을 긍정적으로 바라보느냐 부정적으로 바라보느냐에 따라 삶에서 느끼는 행복감은 크게 달라진다. 그러므로 긍정적으로 세상을 바라보려는 마음가짐이 중요하다. 긍정적인 생각은 타인과의 관계를 원만하게 하고 미래에 대한 진로 목표를 설정하는 데 도움이 되며, 무엇보다 작은 일이라도 자신이 하는 일에 대해 자부심을 가지고 행복한 삶을 살아가게 하는 기반이 된다.

행복한 삶은 작은 것부터 실천하는 습관에서 시작한다. 지금 불행하다고 느낀다면 원인을 찾아서 행동을 변화시켜야 한다. 아침에 일어나 하루의 계획을 세우고 실천하는 것도 삶을 행복하게 만드는 방법이다. 일기를 쓰면서 하루를 마무리하는 것도 마찬가지다.

"김샘, 줌(Zoom) 해 볼래요?"
2020년 2월 초, J 교장 선생님이 나에게 줌을 해 보자고 했다. 내가 부정적인 성향이었으면 "배워서 뭐 쓸 때가 있을까요?"라며 건성으로 답했을 것이다. 하지만 항상 긍정적이고 기회가 오면 배워 보고자 하는 성향이 강하다 보니 피곤하지만 스마트폰을 켜고 J 교장 선생님과 줌을 해 보기 시작했다.

코로나19 확산으로 3월 개학이 연기되고 4월에는 온라인 개학으로 전환하면서 나는 줌을 미리 배운 덕분에 쌍방향 수업으로 바로 전환할 수 있었고, 동료 교사들에게도 줌을 알려주었다. 또한《줌을 알려줌》이라는 책을 공저로 출간하고 최근에는 '줌 기능과 화상 수업'을 주제로 외부 강연도 다니고 있다. 긍정적이고 적극적인 태도가 나를 변화시키고 시대 변화에 대처할 수 있는 능력을 만들어 준 것이다.

나는 하고 싶은 것을 실행하면서 행복과 즐거움을 느낀다. 매년 새로운 프로그램을 만들어서 아이들에게 체험의 기회를 준다. 역사문화 탐방과 과학천문대 탐방 운영 계획을 세우고 아이들을 모집해서 1박 2일 진로 캠프를 연다. 계획부터 실행까지 모든 과정을 혼자 운영한다. 아이들은 집을 떠나 친구들과 하룻밤 보내는 것을 즐거워한다. 아이들이 즐거워하고 돌아오는 길에 친구와의 추억을 만든 것이 가장 기뻤다는 소감을 받으면서 나는 피로를 잊는다. 그리고 행복하다. 내가 생각하는 행복은 다음과 같다.

첫째, '아무 일 없을 거야, 걱정하지 않아도 돼.'라며 항상 긍정적인 생각을 한다. 출발 전날까지 아이들 간식과 관련 서류를 챙기고 정신없이 바쁘지만, 막상 출발하는 날이 되면 소풍 가듯 기쁜 마음이 찾아온다. 부정적인 생각을 떨쳐 버리는 순간 행복이 시작된다.

둘째, 일의 결과가 아닌 진행하는 과정에서 즐거움을 느낀다. 아무리 좋은 프로그램이나 체험이라도 과정에서 즐거움을 얻을 수 없다면 시작도 하지 않는다. 결과물을 상상하며 만들어가는 과정 자체가 행복이기 때문이다.

셋째, 고마운 마음은 꼭 표현한다. 조금이라도 도움을 받았다면 고마운 마음을 전해야 한다. 표현하지 않으면 상대방은 내 마음을 알 수 없다. 말이든 메시지든 어떤 방법도 좋다. 상대가 내 마음을 알 수 있도록 꼭 표현하자.

넷째, 서두르지 않는다. 나는 급할수록 마음이 차분해지고 행동은 둔해진다. 학생들과 함께 탔던 고속버스가 휴게소에서 정차했다 출발하려는데 갑자기 한 아이가 화장실에 가고 싶다고 한 적이 있다. 버스가 곧 출발할 것 같은 상황이었지만 일단 아이에게는 "그래, 천천히 다녀와."라고 말하고 기사님에게 양해를 구했다. 그리고 나는 버스에서 내려 아이를 기다렸다. 화장실을 보내지 않을 수는 없는 상황이었다. 한참 후 급하게 뛰어오는 아이에게 천천히 오라고 손짓을 했다. 급할수록 돌아가라는 말이 있다. 서두르다 보면 사고가 날 수도 있다. 학생들에게 서두르라고 하는 것보다 안전이 먼저다. 마음이 급할 때에는 무엇이 우선순위인지를 차분하게 돌이켜보자. 이럴 땐 시간보다 안전이 우선이다.

행복은 내가 어떤 말을 하고 행동을 하는가에 따라 다르게 나타난다. 부정적인 생각을 하는 사람들은 될 일도 안 되고, 긍정적인 사람들은 안 될 일도 되게 만드는 에너지가 있다. 뇌는 내가 어떤 행동을 하는지 기억한다. 긍정적으로 행동할 때 성공과 행복을 가져다 준다는 것을 뇌의 기억 속에 심어 놓자.

코로나19 확산과 진학, 진로, 취업 문제로 청소년들이 힘들어하고 있다. 미래에 대한 불안감을 사그라뜨리려면 긍정적인 생각을 하도록 뇌를 변화시켜야 한다. 똑같은 상황이라도 긍정적으로 바라볼 때 부정적으로 바라볼 때보다 문제를 해결하고 극복할 수 있는 확률이 높기 때문이다. 그렇다고 어떤 상황에서든 무조건 긍정적으로만 생각하라는 의미는 아니다. 비판할 것은 비판할 줄도 알아야 한다.

나는 평생을 부정적 생각보다는 긍정적인 생각을 하며 살아왔다. 내 긍정은 주변 사람들에게도 행복 바이러스를 전파했다. 안 될 것이라고 생각하기보다는 '할 수 있다'라는 믿음으로 세상을 바라보고 맡은 일에 충실해야 한다.

행복과 성공은 그리 멀리 있지 않다. 우리 가까이 와 있음에도 불안과 부정적인 생각에 휩싸여 알아보지 못할 뿐이다. 따라서 행복해야 성공할 수 있으며, 긍정적인 생각이 행복과 성공을 가져다준다는 사실을 스스로 깨닫고 경험해야 한다.

삶에 활력을 주고 싶다면 긍정적인 사람으로 변해야 한다. 매일 매일 감사함을 느끼고, 명상을 하며 하루 일들을 정리하고, 남에게 친절을 베푸는 일이야말로 긍정적으로 변하는 방법이다. 꿈은 거저 주어지는 것이 아니라 스스로 찾는 것이다. 행복도 누군가가 가져다 주는 것이 아니라 스스로 찾고 만들어 가는 것이다. 행복을 만들어 가는 습관은 삶의 활력소가 된다.

스스로 만들어 가는 행복이 여러분의 꿈을 만들고 자아실현을 이루게 한다.

2. 원하는 직업을 갖기 위해 꼭 넘어야 할 장벽은 무엇일까?

질문1 그 직업을 갖기 어렵게 하는 나의 진로 장벽은 무엇인가?

직업명	영어 교사		
학력 수준	대졸		
필요한 능력	도덕성, 영어 능력 학습 능력, 지도 능력		
자격증	정교사 2급 영어 교사 자격증		
달성 정도는?	상 ⓒ 하	상 중 하	상 중 하
나에게 닥칠 진로 장벽은?	지금 성적으로는 사범대학 입학과 임용시험에 합격 하기 힘들다.		

TIP TIP 평소 하고 싶은 직업이나 진로 심리 검사 결과에서 나타난 직업 2개를 골라서 나에게 닥칠 진로 장벽을 살펴본다. 커리어넷, 워크넷에서 직업 정보를 탐색할 수 있다.

질문2 **진로 장벽을 극복하기 위한 나만의 비법은?**

(예) 영어교육과에 진학하기 위해 자기 주도 학습 계획을 세우고 실천한다. 영어를 재미있게 가르칠 수 있는 교수법을 습득하기 위한 공부를 한다.

TIP 질문 1에서 적은 직업 정보를 탐색하고 준비 과정을 인터넷에서 검색해 본다.

지독히 화가 날 때에는 인생이 얼마나 덧없는가를 생각해 보라 마르쿠스 아우렐리우스

활동지 작성 후 나는?

✦ 평소 관심 있는 직업 정보를 탐색하고 준비해 나갈 수 있다.

✦ 하고 싶은 직업을 갖는 데 걸림돌이 되는 요인들이 무엇인지 알 수 있다.

✦ 성공한 사람들의 이야기를 통해 진로 장벽을 극복할 나만의 방법을 찾을 수 있다.

에이미 멀린스는 태어날 때부터 종아리뼈가 없었다. 그는 두 다리가 없지만 명랑한 아이로 자라났고, 학창 시절에는 스쿨버스 안에서 나무 의족을 연필로 두드리며 행진곡을 불러 친구들을 웃게 만들었다. 육상, 소프트볼, 자전거 하이킹, 수영 등 의족을 사용해서 하기에는 어려운 운동을 끊임없이 즐겼고 모델로 패션쇼에도 참여하며 신체적 장벽을 극복했다.

사람들이 "왜 이렇게 힘든 일만 골라서 하나요?"라고 묻자 그는 "장애란 신체 일부분을 쓸 수 없는 게 아닙니다. 제 생각에 진짜 장애는 억눌린 마음입니다."라고 말했다. 에이미 멀린스는 진로 장벽을 극복하며 꿈을 실현했다.

오프라 윈프리는 미국의 작은 농촌 마을에서 태어나 외할머니 손에서 자랐고, 너무 가난해서 고등학교에도 진학하지 못했다. 또한 마약 중독에 미혼모라는 힘든 상황과 경제적 어려움을 극복하고 대학교에 진학해 자기 개발을 하는

데 노력했고 다른 사람의 말을 잘 듣고 공감하는 데 능력을 발휘해 시청자에게 희망을 주는 방송 진행자로 이름을 알렸다.

에이미 멀린스와 오프라 윈프리는 자신에게 닥친 장벽들을 깨부수면서 일하고 싶은 분야에서 성공했다. 진로 장벽은 개인이 진학, 취업 등 진로 결정 과정이나 진로 목표의 실천 과정에서 겪는 어려운 상황을 의미한다. 어려운 경제적 상황, 부모의 반대, 적성 부족, 성적 부진, 신체적 약점 등이 이에 속한다.

진로 목표를 달성하는 데 방해되는 장벽을 만났을 때 합리적으로 극복할 수 있는 구체적인 방법이 있다.

첫째, 편견과 고정 관념 등 부정적이고 비합리적인 믿음과 의지를 깨뜨려야 한다. 한쪽으로 치우친 생각들을 하나씩 마음속에서 없애고, 성공하는 데 넘지 못할 장벽은 없다는 믿음과 의지를 가져야 한다.

둘째, 자신이 가진 진로 장벽을 잘 이해하고 해결 방안을 적극적으로 모색하고 실천해 한계를 뛰어 넘어야 한다. 이때 비슷한 유형의 진로 장벽을 극복한 사례들을 찾아서 활용해 본다.

셋째, 진로 장벽에 부딪혔을 때는 진로 목표를 재점검하고 다양한 진로 대안을 모색해야 한다. 예를 들어 중·고등학생을 가르치는 교사가 되고 싶은데 성적이 낮아서 지원할 수 없다면 학교 선생님 말고 학원 강사나 학습지 방문 강사 등 아이들을 가르치는 다른 직업을 찾아 보는 것이다.

넷째, 진로 목표를 현실적으로 조정하고 돌아가야 한다. 운동선수가 되고 싶지만 체력과 신체적 조건이 맞지 않으면 다른 분야나 스포츠와 관련된 다른 직업들을 찾아봐야 한다. 자신의 성향을 다시 파악해 현실적인 진로 목표를 세워야 한다.

누구에게나 진로 장벽은 있다. 성공한 사람이라고 해서 장벽이 없었던 것이 아니라 장애물을 극복해 나갔고, 실패한 사람들은 장벽을 극복하기보다 핑계를 대면서 포기했던 것이다. 따라서 진로 장벽은 성적 부진, 신체적 조건, 부모 반대, 가정 형편 등이 아니라 그것을 이유로 목표를 포기하려는 마음가짐이다.

어떻게 해야 나약한 마음을 극복하고 자신 앞에 있는 진로 장벽을 넘을 수 있을지 생각해야 한다. 장벽을 극복하고 성공한 사례들은 우리 주변에 많이 있다. 성공한 사람들의 이야기를 교훈 삼아 진로 장벽을 극복해 나가자.

진로 목표를 향해 전진하는 과정에서 누구나 장벽을 만날 수 있다. 진로 장벽을 만났을 때 어떤 태도를 갖느냐가 성공 여부를 결정한다. 먼저 자신의 마음속에 있는 진로 장벽이 무엇인지부터 알아야 극복할 수 있는 방안들이 마련된다. 성공한 사람의 사례를 학습하면서 진로 장벽을 넘어서자. 장벽 뒤에 여러분의 꿈이 기다리고 있다.

이 세상에 넘어설 수 없는 장애물은 없다.

강인한 마음가짐으로 진로 장벽을 넘어서라.

진로장벽 요인

외적 요인은 무엇이 있을까?

- 중요한 타인과의 갈등 : 부모, 선생님, 친구, 형제자매 등
- 사회적 편견과 고정 관념 : 성차별, 인종 차별, 직업 고정 관념 등
- 경제적 어려움
- 미래의 불확실성

내적 요인은 무엇이 있을까?

- 자기 이해 부족 : 성격, 흥미, 적성, 가치관 등
- 낮은 자신감 : 성취동기 부족, 학습 부진 등
- 진로 및 직업 정보 부족 : 직업, 학교, 학과 정보 등

3. 나의 꿈과 소통할 수 있는 가장 좋은 방법은 무엇일까?

질문1 나를 성장시킨 책에 대해 생각해보자.

책 읽는 것을 좋아한다

특히 좋아하는 분야는 □소설 □인문고전 □자기계발 □역사 □기타 **이다.**

선택한 분야의 책 중에서 가장 좋았던 책의 제목을 적어 보자.

이 책에서 가장 좋았던 문장을 적어 보자.

이 문장이 가장 좋았던 이유와 얻었던 교훈을 친구에게 설명해 보자.

TIP 그동안 읽었던 책들을 떠올려 보자. 독서 기록장에 기록했다면 다시 꺼내서 읽어 본다. 책을 읽으면서 앞으로 어떻게 살아갈 것인지, 어떻게 공부할 것인지 다짐했다면 그 책이 성장하는 데 도움이 된 책이다.

No

좋아하진 않지만 친구에게 추천하고 싶은 분야가 있다.

☐소설 ☐인문고전 ☐자기계발 ☐역사 ☐기타

이 분야에서 친구에게 추천하고 싶은 책의 제목을 써 보자.

이 책을 추천하고 싶은 이유를 써 보자.

추천받은 친구가 이 책을 읽었을 때 어떤 교훈을 얻을지 생각해 보고 한 문장으로 적어 보자.

인내는 쓰다 그러나 그 열매는 달다.

장 자크 루소

활동지 작성 후 나는?

✚ 책 내용 중에서 살아오면서 귀감이 된 구절들을 살펴보고 삶에 어떤 영향을 줬는지 파악한다.

✚ 독서가 학력 신장과 진로 목표를 세우는 데 영향을 준다는 사실을 깨달았다.

고등학교 동창 모임에 참석했더니 졸업 후 35년 만에 만난 친구가 조용하고 존재감 없었던 네가 어떻게 교사가 돼 나타났냐며 반가워했다. 나는 독서를 통해 스스로 변화하려 노력했기 때문에 성장할 수 있었다. 배움 활동이 없었다면 지금도 말 한마디 못하는 존재감 없는 외로운 인생을 살고 있을 것이다.

"선생님 진로진학 상담교사로서 전문성을 키우려면 무엇이 필요한가요?"

"진로 독서를 하고 싶은데 도서 선정은 어떻게 해야 하죠?"

진로진학 상담교사 부전공 연수 강의를 하면서 선생님들로부터 받은 질문들이다. 나는 끊임없이 배우고 독서를 통해 스스로 성장해야 한다고 답했다. 진로 도서 목록은 선생님들이 스스로 읽어 보고 청소년들에게 도움이 된다고 판단하는 책들을 뽑아 만들어야 한다고도 했다.

남들이 만들어 놓은 도서 목록을 가지고 아이들을 지도하기보다는 직접 읽고 청소년들의 삶에 길잡이 역할을 할 만한 도서를 선정해야 한다. 인간은 편안함을 좋아한다. 시간 절약한다고 진로 도서 목록뿐만 아니라 진로 프로그램 운영 계획서도 다른 사람들이 만들어 놓은 것을 찾아 그대로 적용하는 사례도 있다.

스스로 노력하지 않고 자료를 베껴 사용한다면 어느 분야에서도 전문가로 성장하기 힘들다. 참고는 하되 본인이 고민해서 다시 만들어야 한다. 스스로 노력해서 만든 도서 목록일수록 아이들에게 길잡이 역할을 제대로 할 수 있다.

누구나 삶이 호락호락하지 않다고 말한다. 1년에 300권을 읽었다고 자랑해도 생각하고 성장하지 않으면 권수만 늘리는 독서일 뿐이다. 책을 읽고 자신 또는 자녀와 청소년들에게 어떻게 적용할 것인가 생각해야 한다.

나는 텔레비전 드라마를 보다가도 톡톡 튀는 대화가 나오면 메모해 둔다. 글을 쓰거나 강의할 때 활용하기 위해서다. 진로 프로그램 계획서를 작성할 때도 책꽂이에 가지런히 꽂힌 책이나 필사한 노트를 보면서 아이디어를 얻는다. 준비와 노력 없이 얻을 수 있는 것은 이 세상에 아무것도 없다. 우리는 시간 절약이라는 핑계를 대면서 남이 만들어 놓은 자료를 거리낌 없이 활용한다.

책을 같이 읽자고 하면 '눈이 침침해서', '시간이 없어서', '책만 읽으려면 졸려서' 등 갖가지 핑계를 대면서 거부하는 경우가 다반사다. 술 마실 시간과 남을 비방할 시간은 있으면서 책 읽을 시간은 없는 모양이다. 배움을 멈춘 사람이나 꾸준히 배우고는 있으나 자신의 것으로 만들지 않는 사람은 편견과 고정 관념에 빠져 꼰대 노릇하며 주변 사람들을 괴롭힌다. 책을 읽고 여러 사람과 나누고 싶은 글들을 단체 대화방에 올리면 그런 것을 왜 올리느냐며 화를 내는 사람도 있다. 독서의 중요성을 모르기 때문에 그렇게 행동하는 것이다.

자기 자만에 빠지지 않고 올바른 길로 성장하려면 독서 활동 만한 게 없다. 독서 활동은 인성과 대인 관계 등 바른 사회인으로 성장하도록 안내하는 길잡이기 때문이다.

코로나19 확산으로 휴가도 제대로 못 가는 요즘, 책 속에서 세상을 알아 가는 것은 어떨까? 시원한 카페에서 음료와 함께 책 속으로 빠져들어 보자. 고요함 속에서 자신이 성장하고 있음을 느낄 것이다. 누구에게나 인생길은 장미꽃이 뿌려진 탄탄대로가 아니다. 인생의 어두운 터널이나 가파른 언덕을 지날 때 독서는 어두움을 밝히고 지탱할 힘을 준다.

한순간에 완성되는 것은 아무것도 없다. 꾸준한 독서 습관이 변화를 이끌어 낸다. 독서야말로 나를 성장시키는 소중한 친구이자 내 삶을 이끌어 주는 항해사다.

자신을 성장시키는 것들이 무엇인지 생각해 보자. 많은 사람이 독서, 강의, 여행, 직업 체험, 세계 문화 탐험 등 다양한 방법으로 재능과 꿈을 연결하고 있다. 어두운 미래의 길잡이 역할을 해 주는 것은 무엇일까? 내 삶을 이끌어 주는 연결고리를 찾아보자.

독서는 꿈을 연결하는 통로다.

4. 꿈을 이루려면 전략을 세워야 한다!

질문1 세상 속에서 살아가기 위해 나는 '어떻게' 배울 것인가?

중. 고등학생 때 어떻게 배울 것인가?	(예) 스스로 학습 습관을 기른다. 주요 과목 위주로 몰입 공부한다.
대학생 때 어떻게 배울 것인가?	(예) 경찰학과에 진학해서 경찰이 되기 위한 준비를 한다. 봉사 활동을 하며 봉사 정신을 키워 나간다.
평생 동안 어떻게 배울 것인가?	(예) 경찰로 일하면서 책을 쓰고 강연하는 삶을 살기 위해 독서와 글쓰기를 꾸준히 할 것이다.

TIP 단계별로 배워야 할 것이 무엇인지 생각한다. 중·고등학교 때는 학습법을 배우고 대학교 때는 취업하기 위해 배우고 직업인이 되고 나서는 자기 개발을 위해 무엇을 배울 것인지 생각해 보자.

목표를 이루기 위한 나만의 전략은?

시기	전략
중·고등학생 시기	
20대	
30대	
40대	
50대	
내 삶의 최종 목표	

TIP 삶은 내가 하고 싶은 것을 하고 주변 눈치 보지 않고 나만의 길을 가야 한다. 직업이 아니라 어떤 삶을 살 것인지 적어야 한다. 꿈꾸던 직업을 가진 후 꿈 너머 또 다른 꿈을 꾸기 위해 무엇을 할 것인가 생각해 본다.

기적이란 지금 이 순간 느낄 수 있는
평화와 아름다움을 느끼는 것이다. 틱낫한

활동지 작성 후 나는?

✚ 지금까지 활동했던 자료를 살펴보고 앞으로 살아가면서 배워야 할 것은 무엇인지 정
리한다. 배우고 익히면서 삶의 목적을 찾을 수 있다.

✚ 고등학교, 대학교 그리고 평생에 걸쳐서 무얼 배워야 할까. 평생 직업인으로 배워야
할 것들을 정리해 보고 목표를 이루기 위한 전략을 세울 수 있다.

코스타리카의 경이로운 원시 숲에는 각종 동식물이 살고 있다. 일 년 내내
덥고 습하다 보니 개구리, 뱀 등 양서류가 많이 서식한다. 이러한 양서류는 포
식자를 피하기 위해 자연의 색과 같은 초록색을 지닌다. 다른 동물의 눈에 띄
지 않는 것이 최선의 생존 전략인 것이다.

개구리는 몸이 빨갛다. '코스타리카 불루진'이라고도 불리는 이 개구리의
정식 이름은 딸기독화살개구리이다. 빨간색 개구리가 폴짝폴짝 뛰어가자 뱀
한마리가 살그머니 뒤따라간다. 개구리는 뱀의 존재를 모르는 듯 이리저리 먹
이를 찾아다닌다. 그때 뱀이 빨간색 개구리를 덮친다. 개구리를 통째로 입안으
로 넣지만 잠시 후 다시 뱉어 낸다. 뱀은 잠시 동안 경련을 일으키며 고통스러
워 한다.

빨간색 개구리가 포식자에게 독을 배출한 것이다. 위험에 처하면 반들반들해 보이는 피부에서 독을 배출한다. 빨간색 개구리도 뱀 입안에서 나왔지만 뱀의 턱 힘에 죽고 만다.

바다 깊은 속 유유히 떠다니는 상자 해파리, 윗부분이 상자처럼 생겨서 상자 해파리라고 부르나 보다. 지구상에 해파리가 처음 등장한 것은 6억 년 전이라고 한다. 오랜 세월 동안 멸종하지 않고 유전자를 이어 온 것이다.

상자 해파리는 바다의 말벌로 불리는데, 가장 강한 독을 가졌기 때문이다. 촉수로 독을 뿜어내어 물고기를 기절시키기 위해 강한 독을 지니고 있다. 해파리는 물고기들을 따라잡기가 힘들어서 물의 흐름을 따라 이동하다가 길목에서 촉수를 이용해 다가오는 물고기를 잡는다. 이처럼 강한 독이 있어야만 한 번에 먹잇감을 사냥할 수 있는 것이다.

상자 해파리는 인간에게도 치명적이라고 한다. 지구상의 동식물은 생존하기 위해 나름대로 보호할 방법을 찾아 지금까지 진화해 왔다. 따라서 독(毒)은 포식자들이 많은 환경에서 생존을 위한 자연스러운 선택일 수 있다.

나는 어떤 독(毒)을 가지고 있을까? 동식물들처럼 상대방을 죽이기 위한 독을 뿜어내지는 않지만, 남을 깎아내려야 성공할 수 있다고 믿는 사람들의 말과 행동 역시 나쁜 독이 될 수 있다. 결국은 그 사회에서 생존하기 위한 전략인 셈인데, 인간이라면 동식물과 다른 전략이 필요하지 않을까?

전략은 자신이 성취하고자 하는 목표를 위해서 무엇을 해야 하는가를 파악하고 그것을 하나씩 실행해 나가는 것이다. 바로 눈앞에 보이는 중간고사나 기말고사에서 좋은 성적을 거두기 위해서만 공부하고, 내신 점수를 관리하기 위해서만 공부해서는 안 된다. 고등학교와 대학교에 진학해서 어떤 공부를 어떻게 할 것인지 고민하고 그 이후의 삶을 어떻게, 무엇을 배우면서 살아갈지 구체적으로 계획을 세워야 한다. 이것이 전략이다.

미래를 준비하고 전략을 세우는 데 가장 좋은 방법은 현재 주어진 일상에 충실하는 것이다. 어제와 똑같은 오늘을 살지 말고, 오늘 같은 내일을 살지 말라는 말이 있다. 하루하루 똑같이 사는 사람과 매일 마음가짐과 태도를 새롭게 하는 사람은 완전히 다른 삶을 살게 된다. 날마다 맡은 일에 최선을 다하되, 자신이 하는 일에 의미와 가치를 부여하면서 생각하는 삶을 살아야 한다.

중학교 1학년은 자유 학기라서 시험이 없다. 하지만 교과목별 평가는 이뤄지는데, 다양한 방식의 평가가 실시된다. 시험이 없다고 해서 교과목 수업에 집중하지 않으면 좋은 성적을 받기 힘들다. 항상 자신에게 주어진 미션을 적극적으로 수행하려는 태도가 중요하다.

먼 미래의 자신의 진로 목표 즉 꿈을 바라보고 한 걸음, 한 걸음 나아가는 전략을 세운다면 주변의 유혹들을 뿌리칠 수 있다. 먼 옛날 상인들은 사막이나 망망대해에서 무엇을 기준으로 길을 찾아갔을까? 별자리를 목표점으로 잡고 한 발자국씩 내딛었다. 항상 목표 지점을 제대로 바라보며 목표를 이룰 수 있는 일이라면 과감하게 도전해 보자.

동식물들은 포식자들을 피하기 위해 나름대로 생존 전략을 가지고 있다. 급변하는 세상 속에서 어떤 전략으로 생존할 것인가? 그 생존법은 자신의 마음속에서 시작해야 한다. 나 혼자만의 전략이 아니라 주변 사람들과 소통하며 도움을 주고받는 생존 전략이어야 모두 함께 살아갈 수 있다.

모두 함께 살아가는 생존 전략을 짜야 한다.

미래 전략을 세우는 데 유용한 정보 센터

사이트명	내용
고입 정보 포털 http://www.hischool.go.kr/	유형별 고등학교 입시 정보, 자기 주도 학습 전형 안내
특성화고. 마이스터고 포털 http://www.hifive.go.kr/	마이스터 고등학교, 특성화고 입시 정보, 고교 학점제, 고졸 취업자 지원, 후학습 제도 등
커리어넷 https://www.career.go.kr	고등학교 대학교 학과 정보, 자격증 관련 정보, 직업인 동영상, 직업 정보 제공
워크넷 https://www.work.go.kr	학과 정보, 직업 정보, 직업인 동영상, 직업별 역량 정보 제공
대입 상담 포털 어디가샘 http://www.adiga.kr	대학 입시, 대학교 학과 등 정보 제공
큐넷 http://www.q-net.or.kr	자격증 정보, 기술 자격 시험, 전문 자격 시험 등 모든 자격증 시험 정보
국가평생교육진흥원 학점은행제 https://www.cb.or.kr	국민의 평생 학습권 보장을 위해 대학 학위 취득 기회 제공

5. 꿈을 이루기 위해 가장 필요한 것은 나와의 소통

 질문1 나는 영어 단어를 어떤 방식으로 암기하는가?

 질문2 나는 어려운 수학 문제를 어떻게 풀어 가는가?

 질문3 나의 독서 방법은?

질문4   나는 친구와 친해지기 위해 어떤 노력을 하는가?

 질문5   수업 시간에 집중하는 나만의 전략은 무엇인가?

TIP 이 단원까지 활동지를 하면서 스스로 학습할 수 있는 방안을 정리해 본다. 어떤 태도로 학습할 것인지 정리한다. 친구와 원만한 관계를 맺을 수 있는 방안도 생각해 정리한다.

청춘은 모든 것의 실험이다.

랠프 월도 에머슨

활동지 작성 후 나는?

✦ 스스로 공부하는 방법을 생각해 볼 수 있다.

✦ 나 자신의 미래를 생각해 볼 수 있다.

✦ 친구와의 관계, 수업 시간에 집중하는 법, 그리고 예습 복습 등에 대해 스스로 질문하고 답을 찾는 습관을 갖게 됐다.

"사람 속에서 살지만 나는 어쩌면 사람 속에서 살고 있지 않은지도 모른다. 부모님, 친구들, 학교 선생님, 어느 사람하고도 나는 속을 터놓고 지내지를 못한다. 이미 비밀이 많아져 버려서 나 자신을 아무에게도 속 시원히 털어놓지 못하기 때문이다.

이렇게 비밀이 많은 아이가 되어 버린 것은 전적으로 내 탓이다. 누구를 원망할 만한 건더기는 하나도 없다. 그러나 지금 누구 탓이 중요한 게 아니다. 문제는 내가 사람 속에서 살고 있지 못하다는 것이다."

박상률 작가의 《봄바람》이란 책에 나오는 글 일부이다. 학년이 올라가면서 비밀이 많아지고 친구들과도 속내를 툭 터놓고 이야기하지 못하는 학생들이 많이 있다. 하고 싶은 것, 말하고 싶은 것을 자신 있게 털어놓아야 하는데 상대방의 반응에 너무도 민감해서 말하지 못한다. 나도 결혼하기 전까지 자신보다 주변 환경에 신경을 더 많이 쓰며 살아왔다. 의견을 말할 자신이 없어서 외부로 표출하기보다는 내면으로 꼭꼭 숨어 들어갔던 것 같다.

"여러분은 먼 훗날 자서전을 쓴다면 어떤 내용을 담고 싶나요?"

수업 시간 학생들에게 먼 훗날 자서전에 어떤 내용을 담을 것인지 물었다. 아이들은 대부분 먼 미래 일이라서 생각해 보지 않았다고 답변하기도 하고 자신이 살아온 과정을 적을 것이라고 대답하기도 했다. 어떤 상황에서 돌발적인 질문에 당황하지 않고 답변하려면 자신의 내면부터 살펴야 한다. 즉, 자신이 어떤 사람인지, 무얼 좋아하고 어디에 관심 있는지 알아야 한다. 스스로 질문하고 답을 찾는 과정에서 미래의 자서전에 쓸 이야기들을 찾고 그 질문과 답들이 세상을 살아가는 힘이 되기도 한다.

그렇다면 나를 들여다보는 질문은 어떤 것들이 있을까? 자신에게 어떻게 질문해야 할까?

첫째, 지금까지 살아오면서 스스로 어떤 사람이라고 생각하는지 물어본다. 그리고 왜 그렇게 생각하는지 근거를 제시해야 한다. 하루하루 바쁘게 살다 보면 어떻게 살고 있는지 살필 겨를도 없다. 일과를 마치고 자신을 되돌아보는 시간을 가지면서 스스로 어떤 사람인지 생각해 본다.

둘째, 지금 여러분의 모습이 진정 원하는 모습인가? 여러분 주변 사람들에게서 자주 듣는 말은 무엇인지 묻는다. 자신이 어떤 사람인지 파악이 안 될 경우에는 주변 친구나 부모님에게 질문해도 된다.

셋째, 자신에게 쓴소리하는 사람이 있는지, 있다면 어떤 내용인지 물어본다. 자신의 단점을 들추면서 쓴소리하는 사람에게 어떻게 행동할 것인가? 그리고 그 쓴소리를 받아들일 수 있는가 생각해 봐야 한다.

넷째, 사람은 누구나 단점을 지니고 있다. 단 하나의 치명적인 단점이 자신을 망가뜨릴 수 있다면 그것이 무엇이라고 생각하는가? 그리고 그 단점을 고치려면 무엇을 해야 할지 묻는다. 주변 사람들이 나를 생각해서 말한 단점들을 받아들이고 그것을 고치기 위해서 생활 습관을 바꿀 용기가 있는지 생각해 보자. 상대방의 단점을 말하기란 결코 쉽지 않다. 자칫 잘못 말했다가 관계가 틀어져 버릴 확률이 높기 때문이다. 그러나 지인이 자신을 위해 해 준 말이라면 어떻게 변화할 것인지 고민해 봐야 한다.

다섯째, 자신의 미래 모습을 상상하고 만약 스스로 변화하고 싶다면 어떻게 변할 것인지 물어본다. 현재 자신의 생활과 활동을 바탕으로 미래를 상상해 보고 그대로 살아가도 되는지 아니면 변화가 필요한지 답을 찾아야 한다.

위 다섯 가지 질문을 자신에게 해 보고 그 질문 속에서 미래를 설계해 보자.

다른 사람의 의견을 받아들이고 변화시키는 일이 쉽지는 않다. 사람은 대체로 자신의 스타일대로 평생을 살아간다. 정말 변화를 원하는지 자신을 살피고 변화에 따르는 고통도 감내할 용기를 가져야 한다.

여러분은 50년 뒤 자서전을 쓴다면 청소년 시절을 어떻게 표현하고 싶은가?
지금까지 삶과 습관들을 떠올리면서 50년 후 내가 현재의 나에게 무슨 말을 해 주고
싶은지 생각해 적어 보자.

질문하고 스스로 답하면서 자신의 세상을 만들어 가라.

진로 관련 사이트 정보

01. 시·도별 취업지원센터

사이트명	URL
경기 취업지원센터	https://more.goe.go.kr/gajago
경북 취업지원센터	http://www.gbe.kr/cheerup
광주 취업지원센터	http://jpl.gen.go.kr
대구 취업지원센터	http://job.dge.go.kr
대전 취업지원센터	http://www.edurang.net/main.do?s=job
부산 취업지원센터	http://www.pen.go.kr/hrd/index.pen?menuCd=DOM_000000301005000000
서울 취업지원센터	http://high-job.sen.go.kr
세종 취업지원센터	http://sje.go.kr/job
울산 취업지원센터	http://jobgo.use.go.kr/main.jsp
인천 취업지원센터	http://www.ice.go.kr/main.do?s=jci
전남 취업지원센터	https://www.jne.go.kr/job/main.do?mi=305
전북 취업지원센터	https://www.jbe.go.kr/job
제주 취업지원센터	https://www.jje.go.kr/job
충남 취업지원센터	http://job.cne.go.kr
충북 취업지원센터	http://job.cbe.go.kr

02. 시·도 교육청 진로진학정보센터

사이트명	URL
강원 진학지원센터	http://jinhak.gwe.go.kr
강원도 교육청 고교입시제도	http://www.gwe.go.kr/user/boardList.do?handle=1576&siteId=kr&id=kr_060901000000
경기 진학정보센터	http://jinhak.goedu.kr
경기도 고등학교 입학전학포털	http://satp.goe.go.kr
경남 대입정보센터	http://jinhak.gne.go.kr
경북 진학지원센터	http://jinhak.gbe.kr
광주 진로진학지원센터	http://jinhak.gen.go.kr
대구 진학진로지원센터	http://www.dge.go.kr/jinhak
대전 진로진학지원센터	http://www.edurang.net/main.do?s=course
부산 진로진학지원센터	http://dream.pen.go.kr/center
부산 고입포털 HISCHOOL	http://hischool.pen.go.kr/index.php
서울 진로진학정보센터	http://www.jinhak.or.kr
세종 진로진학정보센터	http://sjcc.sje.go.kr/main/index.action
울산 진학정보센터	http://jinhak.use.go.kr
인천 진로교육	http://jinhak.ice.go.kr
인천 고입전형포털	http://isatp.ice.go.kr
전남 진로진학지원포털	https://jdream.jne.go.kr
전북 진로진학센터	https://www.jbe.go.kr/jinro
제주 진로교육지원센터	https://dreampang.or.kr
충남 진로교육센터	http://career.edus.or.kr
충북 진로교육원	https://jinro.cbe.go.kr
충북 고등학교 입학전형포털	http://hsap.cbe.go.kr

03. 유용한 진로 정보 자료 안내

자료명	개발처	검색 경로	제공 정보 및 특징
진로 심리검사	한국 직업능력 연구원 (커리어넷)	https://www.career.go.kr/ ⇒ 진로심리 검사 ⇒ 중고등 학교용/대학생, 일반용	• 무료 회원 가입 • 직업적성 & 직업가치관 & 직업 성숙도 & 직업흥미 검사
	한국 고용 정보원 (워크넷)	https://www.work.go.kr/ ⇒ 직업 진로 ⇒ 직업심리 검사	• 무료 회원 가입 • 직업흥미 & 직업가치관 검사 • 고등학생 적성 & 청소년 진로발달 & 대학 전공 흥미, 청소년 인성 검사
사이버 진로 상담	한국 직업능력 연구원	https://www.career.go.kr/ ⇒ 진로심리 검사 ⇒ 상담 신청	• 커리어넷 회원이면 누구나 가능 • 자신에게 맞는 직업과 학과 탐색 • 학교, 학과, 직업 정보, 자격, 취업, 훈련 정보
	한국 고용 정보원	https://www.work.go.kr/ ⇒ 직업 진로 ⇒ 진로 상담 ⇒ 상담 신청	• 진로심리 검사 및 분석 • 학업 및 성적 관리 • 진로 및 진학 계획 • 진로 관련 의사 결정
학교 정보	교육부 (고입포털)	http://www.hischool.go.kr/ ⇒ 고교입시 정보 ⇒ 고등학교 유형	• 고등학교 유형별 정보 제공 • 시·도별 입시 정보 • 자기 주도 학습 전형 정보 • 고교 학점제 운영 안내
	한국 직업능력 연구원	https://www.career.go.kr/ ⇒ 학과 정보 ⇒ 학교 정보	• 지역별, 급별 학교 정보 • 초등학교, 중학교, 고등학교, 대학교, 대안학교, 특수 & 각종 학교 정보
	교육부 (하이 파이브)	https://www.hifive.go.kr ⇒ 학교 정보 ⇒ 특성화고/ 마이스터고	• 전국 특성화고 및 마이스터고 정보 • 특성화고, 마이스터고 모집 요강, 학교 현황 정보 • 선취업 후진학 제도 안내 • 취업 정보 안내
	서울시 교육청 (하이인포)	https://hinfo.sen.go.kr/ ⇒ 학교군 안내	• 서울시교육청 소속 후기 일반계고 배정 관련 안내 • 자치구별 고등학교 정보 제공
	교육부 (학교 알리미)	https://www.schoolinfo.go.kr/ ⇒ 전국 학교 정보	• 전국 초·중·고·기타 학교 정보 • 각 학교별 교육 과정, 취업률, 진학률 제공

자료명	개발처	검색 경로	제공 정보 및 특징
학과 정보	한국 직업능력 연구원 (커리어넷)	https://www.career.go.kr/ ⇒ 학과 정보 ⇒ 학과 검색	• 고등학교, 대학교 학과 정보 제공 • 전공 계열별 검색 가능 • 학과 탐방 및 인터뷰 자료
	한국 고용 정보원 (워크넷)	https://www.work.go.kr/ ⇒ 직업 진로 ⇒ 학과 정보 ⇒ 학과 검색	• 대학교 학과 정보 • 계열별 학과 정보 • 전공 진로 가이드
자격증 정보	한국 산업인력 공단 (큐넷)	https://www.q-net.or.kr/ ⇒ 국가자격 시험/전문자격 시험	• 자격증 종류, 원서 작성 및 시험 정보 • 한국 산업인력공단이 시행하는 자격증 관련 정보
직업 정보	한국 직업능력 연구원 (커리어넷)	https://www.career.go.kr/ ⇒ 직업 정보 ⇒ 직업 검색	• 테마 및 분야별 직업 정보 • 미래 직업, 해외 직업 정보 • 직업인 인터뷰, 직업별 동영상
	한국 고용 정보원 (워크넷)	https://www.work.go.kr/ ⇒ 직업 진로 ⇒ 직업 정보 ⇒ 직업 검색	• 한국 직업 전망, 한국 직업 사전 • 직업 동영상, 직업인 인터뷰 • 직업별 키워드 검색
직업, 학과 체험	잡월드	https://www.koreajobworld.or.kr/ ⇒ 회원 가입 ⇒ 예약 신청 ⇒ 직업 체험	• 체험은 유료, 홈페이지 참조 • 청소년 체험관, 어린이 체험관, 숙련 기술 체험관 등 진로 직업 체험 기회 제공 • 홈페이지 예약 권장
	키자니아	https://www.kidzania.co.kr/ ⇒ 회원 가입 ⇒ 예매하기 ⇒ 직업 체험	• 서울 & 부산 체험관 있음 • 현장 예매 후 바로 체험 가능
	교육부 TV	유튜브 채널	• 드림 주니어 탐사대 직업 체험 • 학과 체험 정보
학습 정보	진로 독서 정보	https://blog.naver.com/jckwb66	• 진로 독서 정보 제공 • 진로 정보 제공
	특자맘 (특목고 자소서 맘카페)	https://cafe.naver.com/grayt9xsu	• 특목고 입시 정보 • 자기 주도 학습 전형 정보 • 자기소개서 작성법 정보

하고 싶은 것이 뭔지 모르는
10대에게

초판 1쇄 발행 2021년 8월 5일
초판 10쇄 발행 2024년 5월 14일

지은이 김원배
펴낸이 이범상
펴낸곳 (주)비전비앤피 · 애플북스

기획 편집 차재호 김승희 김혜경 한윤지 박성아 신은정
디자인 김혜림 최원영 이민선
마케팅 이성호 이병준 문세희
전자책 김성화 김희정 안상희 김낙기
관리 이다정

주소 우)04034 서울시 마포구 잔다리로7길 12 (서교동)
전화 02)338-2411 | **팩스** 02)338-2413
홈페이지 www.visionbp.co.kr
인스타그램 www.instagram.com/visionbnp
포스트 post.naver.com/visioncorea
이메일 visioncorea@naver.com
원고투고 editor@visionbp.co.kr

등록번호 제313-2007-000012호

ISBN 979-11-90147-69-9   43190